CRUCIGRAMAS

SUDOKU

Tammy Seto

GRUPO NELSON
Una división de Thomas Nelson Publishers
Desde 1798

NASHVILLE DALLAS MÉXICO DF. RÍO DE JANEI BEIJING

Editorial 10 Puntos es una división de Grupo Nelson

Una división de Thomas Nelson, Inc.
Nashville, TN, Estados Unidos de América
www.gruponelson.com

Título en inglés: Su Doku Puzzle Book

Publica por Kandour Ltd, Londres, Inglaterra

Editora en jefe: ciela Lelli
Tipografía: www. ysolRodriguez.org

ISBN-13: 978-0- 13-011-9

Impreso en Estado idos de América

数独 cómo disfrutar del Sudoku

4		2	9			1	3	
5	3	1	6				9	
7				3	1			5
		4					5	8
2				9			1	6
	1					9		
6	2		3		9			4
	4				6		7	9
	5	8	4	2	7			

Bienvenido al mundo del Sudoku

El Sudoku es el nuevo juego de enigmas del Japón y está enloqueciendo al mundo. Las reglas son bastante fáciles: llenar las casillas vacías de tal manera que cada fila, columna y cuadrante de casillas de 3x3 contenga los dígitos del 1 al 9. Esta es la forma básica del Sudoku. Aunque parezca fácil, es difícil. No se necesitan destrezas matemáticas; sin embargo, se requiere lógica y razonamiento. ¡Disfrute del desafío! ¡Una vez que comience no podrá parar!

cómo jugar Sudoku

Adivine el número que va en la fila

x	x	7	x	(2)	4	x	x	x
4	1	x	x	x	x	x	(2)	x
3	(?)	9				5		

Usted puede comenzar por donde guste, pero el cuadrante de casillas de3x3 que tenga la mayor cantidad de números visibles generalmente es un buen lugar para comenzar. Ponga atención al cuadrante de la izquierda. ¿Cuál número va en la fila inferior del cuadrante izquierdo? A simple vista, podrá notar los dos números 2 de la fila superior e intermedia. Recuerde, cada fila de la cuadrícula, cada columna y cuadrante de 3X3 casillas tiene espacio para sólo uno de cada dígito. En consecuencia, la casilla de la fila inferior sólo podrá llenarse con el número 2.

También ponga atención a las columnas y filas

		7	x	2	4			
4	1		x	x	(?)		2	
(3)	2	9	x	x	x	5	x	x
9	8		(3)	x				
			9	7	2			
			x	x			5	1
		4	x	x		8		9
	5		x	x			3	6
			1	(3)		4		

Mientras tanto, al concentrarse en el grupo de cuadrantes del centro, usted podrá reconocer patrones similares. El cuadrante central tiene un 3, y el inferior tiene otro. Por lo tanto, en el cuadrante superior, la columna de la izquierda y la del medio no pueden tener el 3. No obstante, en el cuadrante superior izquierdo, hay un 3 en la fila inferior, lo que quiere decir que no puede haber más números 3 en esa fila. Por lo tanto, en el cuadrante superior del medio, el 3 sólo puede estar en la casilla que está debajo de la que contiene el 4.

cómo adivinar el número que falta

¡Aplique estas reglas y continúe!

		7		2	4			
4	1				3		2	
3	2	9				(5)		
9	8		3					
			9	7	2			
					8		(5)	1
		4				8		9
	5						3	6
			1	3		4		(?)

Para avanzar, usted necesita emplear técnicas específicas. Llenemos las cuatro casillas vacías que están en el cuadrante inferior derecho.

El número que va en la casilla vacía de la fila inferior de la columna de la derecha se puede adivinar con facilidad basándonos en los dos números 5 en el grupo de cuadrantes del lado derecho.

¿Qué sigue?

Después de poner los dígitos 5 en la casilla de la esquina inferior derecha, adivinemos los otros números que faltan en el cuadrante inferior derecho.

Ya que hay un 2 en el cuadrante superior derecho, no es difícil llenar la casilla desocupada que está rodeada por el 8, 4 y 3 en el cuadrante inferior derecho.

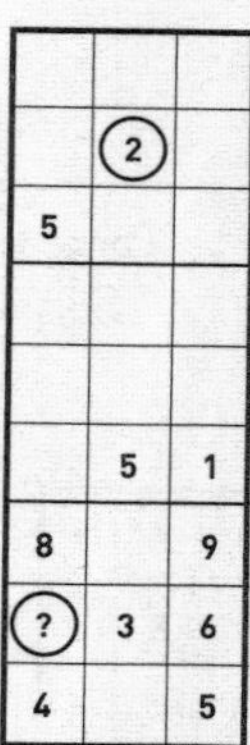

	(2)	
5		
	5	1
8		9
(?)	3	6
4		5

¿Y al final?

		4				8	(?)	9
	5					2	3	6
			(1)	3		4		5

Sólo quedan dos casillas vacías. Usted encontrará el número que falta entre el 8 y el 9 al reconocer un 1 en la fila inferior, cuadrante del centro. Finalmente, en el cuadrante inferior derecho, hay ocho dígitos, por lo tanto, el número 7 es el que falta para llenar la casilla vacía.

数独 cómo adivinar el número que falta

Una técnica avanzada – usando números temporales

Al tener el número 8 en el cuadrante del medio y el número 5 en el cuadrante inferior, no se puede llenar la casilla vacía de la fila superior con los dígitos 5 u 8. Pero, las casillas de las columnas izquierda y derecha del cuadrante superior se pueden ocupar con cualquiera de estos dos números. En resumen, usted puede poner los dígitos "5" u "8" de manera temporal en las dos casillas vacías compartiéndolas. Ahora, sólo queda una casilla vacía, la cual se puede llenar con el único número que falta, esto es, el 6.

5/8	(?)	7
4	1	5/8
3	2	9
9	(8)	
		4
	(5)	

Encontrando el número que falta

Ponga temporalmente los números 7 y 8 en las casillas vacías. Solamente un 2 se puede poner en la casilla inferior derecha del cuadrante superior.

6	x	9
8	x	1
3	x	4
	3	
(5)	4	8
		(?)
2		6
4		3

6	x	9
8	x	1
3	x	4
	3	
(5)	4	8
		(?)
2		6
4		3

Ponga atención a la columna

Se puede colocar un 5 en una de las casillas vacías de la columna del medio del cuadrante superior. Después de eso, sólo se puede poner un 5 en la casilla superior derecha del cuadrante inferior.

¡Disfrute el desafío!

数独 Sudoku: algunas variantes

¿ABURRIDO CON EL SUDOKU QUE TIENE UNA CUADRÍCULA DE NUEVE CASILLAS? ¡PUEDE DISFRUTAR DE ALGO DIFERENTE!

Sudoku Múltiple

El Sudoku normalmente tiene una cuadrícula de nueve cuadrantes con nueve casillas cado uno, pero la versión múltiple tiene una cuadrícula de 16x16 (a veces más...). Llene la cuadrícula de tal manera que cada fila, columna y cuadrante contenga los números del 1 al 16. Esta versión puede ser más fácil de lo que piensa.

6					15		4	1		9					13
		12	11	13		7			8		4	15	3		
	15			16		12			6		2			14	
	7				14		6	3		15				1	
7	11				8	9			12	3				2	10
			5			6	16	9	4			7			
	4		16	15	12					1	14	13		8	
12			14	4			2	8			15				16
11		9			16		15	10		6			13		8
		7		10		14			2		1		12		
	10				9		5	12		13				4	
14	16		8	11		2			9		5	10		3	1
		16			7		9	4		14			2		
15		4	9	12		16			7		8	3	11		5
	2			3		13			1		9		4	7	
10		8			1		11	2		12			16		6

	4	7				2	6	
8			1		5			3
2				6				9
4			7		3			8
5								4
	6						1	
		1				5		
			2		4			
				3				

Sudoku Silueta

En el Sudoku Silueta las reglas son las mismas que en el Sudoku común. Las casillas con números forman algo diferente, como por ejemplo, un corazón, un árbol, una estrella, etc. Las casillas sombreadas también son claves para resolver el enigma.

Sudoku Rompecabezas

Llene las casillas vacías de tal manera que cada fila y columna tengan los dígitos del 1 al 9. Pero en lugar de tener un cuadrante de 3x3, las 9 casillas que están bordeadas con una línea gruesa tienen que ser llenadas con los dígitos del 1 al 9.

	5		3		8		7	
8								9
		1		2		4		
9			8		5			1
		4				3		
7			6		9			4
		8		1		9		
3								7
	8		7		3		4	

variantes del Sudoku

Sudoku Combinado

Este Sudoku usa una cuadrícula de cuadrantes de 9x9. Las partes que están traslapadas deberán considerarse como parte de cada enigma de Sudoku. Por supuesto, se aplican las reglas básicas.

4	9			5			6	7			
7								4			
			4		8						
		9		2						4	9
2			7		3						6
		5		4							
							8		9		
5						1		6			5
1	3						4		1		
						8		3			
			3								2
			6	7			2			5	1

Sudoku Sombreado

9			2		3			6
		1				9		
	2						4	
4			1	6				7
			3		7			
3				2	4			8
	8						5	
		2				4		
5			8		1			2

Llene las casillas vacías de tal manera que cada fila y columna y cada cuadrante de 3x3 casillas contengan los dígitos del 1 al 9. Además, las nueve casillas con sombras oscuras deben tener los dígitos del 1 al 9, y también las nueve casillas con sombras claras.

Sudoku Clásico

Llene las casillas vacías de modo que cada fila y columna tenga los dígitos del 1 al 9. Ignore cualquier cuadrante de 3x3, ya que no se aplica esta regla.

	7	9		6		3	1	
6		7				4		8
			6		5			
	3		1		9		8	
4		2		8		6		9
	1		7		2		5	
			4		8			
3		4				1		2
	4	5		3		8	9	

Sudoku Diagonal

	5						9	1
3	2		8					5
			5		9	3		
	7	3				4		
				5				
		5				9	6	
		7	4		2			
4					7		8	3
9	1						7	

Llene las casillas vacías de tal manera que cada fila, columna y cuadrante de 3x3 casillas tenga los dígitos del 1 al 9. Además, hay dos grupos de casillas diagonales – los de la superior derecha hasta la casilla inferior izquierda, y los de la casilla superior izquierda hasta la casilla inferior derecha – que tendrán que ser llenados con los dígitos del 1 al 9.

FÁCIL

fácil 1

4		2	9			1	3	
5	3	1	6				9	
7				3	1			5
		4					5	8
2				9			1	6
	1					9		
6	2		3		9			4
	4				6		7	9
	5	8	4	2	7			

fácil 2

9				2				5
	7						6	
			1	8	9			
		1	2		3	4		
3		4		5		6		7
		6	7		8	9		
			4	7	6			
	5						8	
2				9				1

fácil 3

2				1				5
			6		2			
		8		3		6		
	2		1		3		8	
1		3		5		7		9
	4		7		9		6	
		9		7		2		
			4		6			
6				9				1

fácil 4

			9			4		
		6	1	8				
3			7				2	
				1		6	7	5
	5		2	3	4		8	
1	8	9		5				
	2				6			4
				7	8	9		
		4			1			

fácil 5

	9		5				1	
4		5		1				3
							7	
			1	2	3			4
	7		4		6		3	
6			7	8	9			
	3							
2				6		8		5
	8				5		4	

fácil 6

	7	2						
						4	3	
			5	3		7	9	
2	3		7	6				
5	4						7	8
				8	2		6	5
	1	3		9	4			
	6	4						
						8	1	

fácil 7

	2						5	
9		7				8		4
6			3	8	1			2
4								7
7		2				5		6
5				9				8
3			5		8			1
	6						8	
		1	6	7	4	3		

fácil 8

		6				1		
			5		4			
9		5		6		8		7
	2		7		9		4	
		8				2		
	7		1		3		8	
1		3		7		9		8
			3		6			
		2				4		

fácil 9

		3	5	6	2	8		
	4			3			1	
8								3
4			3		1			9
9	2						6	8
7			9		6			4
2								6
	1			5			7	
		8	2	4	7	9		

fácil 10

6				1				3
	8		6		4		2	
		9		3		7		
	5						8	
		7				5		
	3						9	
		2		9		3		
	7		2		1		5	
1				8				6

fácil 11

		9	7		3	5		
			9		1			
4		7				8		9
7	9						6	5
8	5						2	4
5		8				2		3
			3		7			
		2	4		8	1		

fácil 12

		7				4		
	9		7		6		3	
5				3				1
	4						9	
		8		6		2		
	1						6	
9				2				7
	8		4		3		2	
		3				8		

数独 fácil 13

		6	4			3		8
7		3		8				
	4		6	7		9	1	
						7		3
9	6						4	1
3		4						
	5	9		6	8		3	
				5		4		2
2		7			9	5		

fácil 14

<table>
<tr><td>7</td><td></td><td></td><td>6</td><td></td><td>5</td><td></td><td></td><td>2</td></tr>
<tr><td></td><td></td><td></td><td>1</td><td></td><td>8</td><td></td><td></td><td></td></tr>
<tr><td></td><td></td><td>9</td><td></td><td></td><td></td><td>4</td><td></td><td></td></tr>
<tr><td>6</td><td>3</td><td></td><td></td><td></td><td></td><td></td><td>2</td><td>8</td></tr>
<tr><td></td><td></td><td></td><td></td><td>1</td><td></td><td></td><td></td><td></td></tr>
<tr><td>2</td><td>8</td><td></td><td></td><td></td><td></td><td></td><td>1</td><td>9</td></tr>
<tr><td></td><td></td><td>2</td><td></td><td></td><td></td><td>3</td><td></td><td></td></tr>
<tr><td></td><td></td><td></td><td>9</td><td></td><td>1</td><td></td><td></td><td></td></tr>
<tr><td>9</td><td></td><td></td><td>7</td><td></td><td>4</td><td></td><td></td><td>5</td></tr>
</table>

数独 fácil 15

1		6		8		9		4
	4			1			2	
2								1
			4		1			
4	1						6	5
			5		2			
9								8
	7			2			5	
8		1		5		4		6

fácil 16

4			3		6			2
		8				7		
	1			2			6	
5			9		2			4
		2		1		9		
9			5		7			6
	2			4			3	
		6				8		
7			2		8			1

fácil 17

	5			9			4	
4								1
		9	4		1	5		
		4	1		9	3		
9				6				7
		1	8		4	6		
		5	7		3	9		
3								2
	9			1			3	

fácil 18

		7		9		1		
	2						9	
9			4		6			8
		8		6		2		
7			2		9			3
		2		1		6		
6			3		1			4
	7						5	
		9		5		7		

fácil 19

		5	6		8	9		
	3			7			8	
6				3				1
7			1		4			8
	4	2				1	6	
9			8		7			4
3				8				9
	9			1			5	
		7	2		6	8		

fácil 20

	8	5		4		9	6	
4			6	7	9			1
7		9		5		4		3
	7		5		8		4	
8	9	4				5	1	6
	5		4		6		9	
3		7		6		1		5
5			1	3	2			9
	1	6		8		2	3	

fácil 21

	7	1		8		6	9	
3	8		9		1		7	2
9				2				8
	1		7		8		5	
5		9		6		7		4
	6		5		2		3	
7				1				9
6	9		8		5		2	7
	5	2		7		8	6	

fácil 22

	5		9		3		2	
6		8		7		4		1
	7		6		1		5	
9		7		2		5		8
	6		4		8		7	
8		1		3		9		4
	9		3		4		8	
5		3		6		2		7
	8		2		7		1	

fácil 23

5	1			3			7	9
6			7		4			3
		2				1		
	9		3		5		6	
2				6				4
	6		4		1		3	
		6				5		
9			5		6			1
7	3			9			8	6

fácil 24

8			6		3			9
	6		9		4		3	
		4		7		1		
9	7			6			1	3
		1	7		9	5		
6	5			4			8	7
		3		9		2		
	1		5		8		7	
5			1		7			8

fácil 25

		6	7				5	
	3			5		1		2
	8			2			3	
		4	6			3		1
	1						2	
6		3			7	9		
	6			1			4	
1		2		6			9	
	4				3	8		

fácil 26

					4	1		
		1		2				
5		2				3	9	
3			5		1			
	5						7	
			7		9			2
	4	9				6		3
				1		4		
		8	6					

fácil 27

				9	7			
	1				8	6		
	6	4				8	2	
		1	4				3	6
			7		2			
7	8				9	1		
	2	6				4	8	
		8	5				6	
			8	3				

fácil 28

			2	1				
	5						2	
	8	4					3	7
		3			7			9
1			8			4		
6	7					2	1	
	9						5	
				6	3			

6			1				5	
	4				2			3
		3		5		1		
	1				3			4
		5		6		9		
2			9				1	
		6		8		7		
3			7				6	
	2				6			1

fácil 30

				4	8	5		
		9		3		1		
7	1		5				2	
4						7		
3	8						1	5
		1						8
	2				1		3	4
		7		6		9		
		6	9	8				

fácil 31

		1	3	4				
	2				7	6	5	
	8		1					2
	6			2		3		4
3			7		5			6
7		8		6			1	
5					4		2	
	1	4	2				6	
				3	1	8		

fácil 32

2	3				8	5		
8	4					1	2	
		7		5			4	8
			1		5			3
		9		4		7		
5			6		2			
7	8			1		6		
	1	6					5	2
		4	3				1	7

数独 fácil 33

		2	1				7	
	4			5		1		8
3				8			2	
6			2					
	7	1				4	6	
					4			7
	5			1				3
2		6		3			4	
	8				5	7		

fácil 34

			1		8			
	4	3				2	6	
1				2				5
		6	4		2	1		
5	7						2	8
		8	5		7	9		
7				5				3
	2	1				5	4	
			6		1			

fácil 35

			1					7
		8	7				3	6
	2	3				5	4	
9	3				5	1		
			6		7			
		4	2				5	3
	9	5				7	2	
1	8				9	4		
6					2			

fácil 36

					6	2		
6	4				7	1		8
		3						5
	9		4			3	2	7
				5				
7	8	6			9		1	
9						7		
5		1	8				6	2
		8	1					

fácil 37

		8				7		
		9	6		1	8		
2	6			7			9	3
	7						5	
		4		8		6		
	5						3	
1	9			2			8	5
		7	5		4	3		
		5				9		

fácil 38

8	1	4	3			9		
3			9		1	6	8	
5	7	1	2			3		
					7	8	9	
	8	9			4		7	
	2	6			8	1	5	

fácil 39

		1			4			3
6			2			4		
4	7		8	3		5	1	
		7			8			4
5			9			8		
9	8		7	5		2	6	
		3			9			8
7			1			3		
2	9		3	7		1	4	

fácil 40

		5		6	2	3		
	1		9				4	
2			4					6
6			8		1	7	9	
8				4				1
	2	7	3		6			8
4					5			2
	6				4		3	
		3	2	1		5		

fácil 41

	6						5	
9	3	7				6	2	1
	5	8	6		2	4	7	
		4	1	6	8	3		
			4		5			
		5	3	9	7	2		
	4	9	7		6	5	3	
8	7	3				1	6	2
	1						4	

fácil 42

7			6		2			3
	5						6	
		3		7		2		
8			1		7			5
	2						9	
9			4		3			1
		2		6		4		
	6		5		8		7	
1								6

fácil 43

			2	8	1			
	6	7				8	4	
	9			7			3	
5				2				6
6		1	5		8	7		9
7				6				3
	7			5			6	
	2	6				9	5	
			4	3	6			

fácil 44

		9		1	2			
4					3	6		
						9		
9	2				7			
8								2
			6				8	1
		7						
		1	4					3
			9	6		5		

		5		7		8		
	6		8		1		7	
7								4
	3			2			1	
4			6		8			7
	9			4			3	
8								3
	7		4		5		2	
		1		6		9		

fácil 46

6				4				7
	5		8		6		2	
3				2				9
		7				8		
	6		9		3		1	
		2				9		
8				3				1
	4		7		9		6	
9				6				3

fácil 47

				1				
	6	4			3		8	
			4	5			2	
	7					1		
8		2				6		4
		9					3	
	1			7	4			
	3		6			5	9	
				2				

数独 fácil 48

			5	2				6
6			1				7	9
4	9							
						4	9	
		1				2		
	3	7						
							6	1
2	5				4			8
7				9	8			

✤✤✤✤✤

fácil 49

			7	8				
	2	3			6			
4						9		
	5				3			
		7				8		
			9				2	
		8						9
			1			5	6	
				3	4			

fácil 50

	9						2	
4			3		7			8
		8	4		9	6		
	4	1				5	6	
				6				
	6	9				3	4	
		2	5		3	1		
6			7		8			5
	7						9	

	7		3					
		4				8		1
	2		5		6		9	
		1				5		2
				3				
8		3				4		
	4		9		1		6	
9		7				2		
					4		7	

fácil 52

1	2	3					9	6
	4	5	6					3
		7	8	9				
				1	2	3		
8					4	5	6	
6	5					7	8	9

fácil 53

			7	1			4	8
	6	5		2				1
	8			3				
6			4					
1	7	4				3	9	6
					3			2
				4			2	
9				5		7	8	
2	3			6	8			

fácil 54

	3				6			8
2						3		
		7	4	8			2	
		1						6
		3		9		4		
4						5		
	2			6	5	1		
		6						4
5			2				3	

	3	4	5					
2				6			1	4
1				7			5	
			8			2		
		9				1		
		8			2			
	1			3				9
5	9			4				8
					5	6	7	

fácil 56

				1				
		6			9	8		
7	4			3				2
		2				1	5	
8								3
	7	4				9		
3				9			2	7
		8	5			6		
				6				

数独

fácil 57

		1	5			9	8	
	8			3				4
3				7				2
	4		6				3	
		5				8		
	2				9		7	
9				1				8
8				9			5	
	1	3			8	4		

fácil 58

		2			3	6		
	9			8				
		6				7		5
3			6		1		4	
	7			4				3
1			8		9		2	
	5							
		9				8		
7			2		5			4

fácil 59

7			4		2			5
	1	9		6		4	8	
	2			1			6	
6			1		5			9
	9	1				5	3	
8			3		6			4
	7			5			4	
	4	3		7		6	9	
1			6		9			7

fácil 60

				9	1			2
		2	6			4		
	5					1		
1					8		4	
9				7				
			2		4	3		8
		5					1	
	6	8				7		
			4	5	3		2	

fácil 61

			2					7
		4		5				
	5		6	9				
3		8						
	2	9		7			6	
						4		8
					1		2	3
				4		9		
7					3	5		

fácil 62

		3	6					
	4		8					
1					2	9		
9	6			5		7		
			4					
		8					2	3
		6	3			4		2
					7			
					9	5		7

							6	9
	9	6	5					4
	1		7					
	3	5						
	4		8		7	9	2	
					6		1	
					4	3		
2					8		7	
8	6							

fácil 64

		4			5			
	8		3			4		
3				1			2	
8			2	5			6	
			6			9		
		5			9		8	
	9			4				2
	6			7			3	9

数独 fácil 65

						9	5	
					6		1	
		3	7		8			
	1		8			4		
	7						8	
		4			7		2	
			2		4	3		
	6		5					
	9	1						

fácil 66

5							6	1
		3	8					4
			1					
	2		9					
	9	5				3	2	
							7	
					6		9	
9					2	5		
4	1							8

fácil 67

	3	7			2			4
		9		1				
	2		7			5		
8			6	5				
				4	3			2
		1			6		8	
				8		9		
6			9			1	5	

fácil 68

	3	7	1		4		6	
	9				5			
	2		3		8	5	9	
	1	4	6		9		3	
			7				1	
	8		9		2	3	4	

数独

fácil 69

	1							
5		2				9	4	
	6		3					
		7		4			5	9
			8					
						1	2	
	8				3			4
	9		4		5			6
			9			7	8	

fácil 70

		5	7	4				
						7		
	3		2					9
				2		4		6
9			8		4			3
4		8		6				
7					6		9	
		6						
				3	5	2		

fácil 71

			2	7				8
			6	9				
					4	9		
7	4				2	6		
8	5						3	2
		9	3				5	4
		4	1					
				8	6			
9				4	3			

fácil 72

	4	1	9					
2				8			9	
	1	5			9	8		
	7			2			5	
		4	6			3	1	
	6			5				4
					2	5	7	

				9		8		
	2				6			
7		1						
	6			2			3	
2		8				5		1
	1			3			7	
						6		4
			4				1	
		3		7				

fácil 74

			8	9				
	2	5				4		
9					6			7
		1						
	9			5			2	
						8		
6			3					9
		7				1	5	
				4	8			

fácil 75

7			8			2		
		2		7				5
	5			6				
1			2			8		
		4			3			1
	2			9			4	
4			6			1		
		3			1			
	9			4			7	6

fácil 76

			6		9			
	6			3			1	
8		4		5		3		9
1			7	4	2			5
7				8				4
3								6
9				1				2
	8		5		3		4	
		2				7		

fácil 77

			4				1	
9					3			2
	7		6				5	
	6				7			8
1			5			2		6
		2		8				
					4			
5			1			6		7
	8			5			3	

fácil 78

				3				1
	2		6		9		4	
8		1				7		
9					1			8
		3		2				
	6		7			2		
					8			3
	5			4				
		8						7

fácil 79

	4	1	5		2			
							6	9
3			4					
		6		3		7		
	5		1	4	9		2	
2				6			3	
	3							1
	9	5		7				
			3		1	5		

fácil 80

				3				
		4	2		9	5		
	5						7	
8								1
2		6	5		7	4		9
4	3			6			2	8
				9				
	4			2			6	
		9	6				1	

数独 fácil 81

1			2		7			8
	5			4			9	
		9				2		
	3			5				
7			9	3				
	8						7	1
	7				2	6		
6				1				3
		1	5					

✤✤✤✤✤

fácil 82

	4	2						8
6			5				3	
			1			6		
			2		7			
		8		1				
	5			6			2	
4				9			7	
7					5	3	4	9
3	2		8				1	

1								3
	8	2	6	3	4	5	7	
	5			2			6	
	3		8		9		4	
	1	4				6	9	
	2		7		1		3	
	6			7			8	
	9	7	4	8	3	2	1	
3								9

fácil 84

			3			5		
	5			2			1	
2					4			7
	8		1					9
	4			3		2		5
		6			8			
7								8
	3		9	7			4	
		2		1		3		

8					3			7
		2		5			9	
	1							4
		4			1			3
	3			8			2	
7			5			9		
9					4		1	
	2					8		
		1	7		6			

fácil 86

5		6				7		3
	1			3				
3			9		5			2
		9				6		
	2		8	7	4		5	
4		3			2	1		
1			3		9			8
				6			3	
2		7				4		

fácil 87

2	7				3			1
	5		9	6				
						3		5
1		6		2				
				7			1	3
9				1				
		8			7		4	
				4		6		8
3			2					

fácil 88

4			2	1				7
9	8			4		3		
					8			6
		1	6					
	4					1	2	
		7			5			3
5				8				
2	9						5	
				3	7		9	

fácil 89

		2				3		
	9		3		6		4	
8				4				1
9				6				2
2				1		8		6
7								9
	1						5	
		4				2		
			9	3	5			

fácil 90

	6				2		4	
2			5			3		
		4		6				
							8	
1		3		5		7		9
	2							
				7		5		
		6			4			3
	8		1				2	

fácil 91

1				5			4	
	2				4			9
		3				8		
5			9				7	
		6				3		
	8				7			4
		7				2		
2			4				3	
	5			6				1

fácil 92

	8						3	
1	5			7			4	6
			1		3			
		2				6		
8				4				2
		6				9		
			7		5			
5	4			1			9	3
	2						7	

		6	9		2	3		
	4						9	
2								5
3			7					2
				5				
6					3			1
1								3
	9						1	
		2	8		5	4		

fácil 94

3						6		
			2	3				9
	5					7		
		9			5			7
	8			7			3	
2			3			4		
		7					2	
4				8	6			
		1						5

		2		1		5		
	6				3		9	
4								8
	2			5				
9			8		6			2
				7			3	
3								4
	5		9				7	
		8		6		2		

fácil 96

	5	8				9	3	
1					4			7
					8			
			9			2		
	2			7			5	
		4			6			
			2					
9			5					1
	7	3				8	4	

2					3	1		5
				6				
		5				2		
	5		9		8			3
	1						4	
3			5		2		7	
		6				3		
				7				
8		1	4					2

fácil 98

					7	4		
7		6		9			3	
				8			5	
5		3			1	7		
		9	2			8		1
	2			6				
	4			5		1		6
		8	4					

9					7	3		
				4			8	
	1				9	4		
5		8						
	3			2			4	
						9		7
		6	9				2	
	4			8				
		1	2					8

INTERMEDIO

数独 intermedio 1

					7	6		
		4		1				
5	3						2	8
			2		5			
	6	5				9	4	
			4		8			
9	8						6	1
				3		7		
		2	1					

数独 intermedio 2

	2			6				
		5	4				9	
					1			8
	9							7
5			6		3			4
1							2	
8			7					
	4				2	6		
				9			1	

数独 intermedio 3

		4			2	3		
	3			8		7		
			1				9	8
					8			1
	9						2	
5			6					
2	6				5			
		9		1			5	
		3	7			4		

intermedio 4

		4	2				8	
	3				7			
6				5				7
5		8					6	
		2				4		
	4					3		9
8				9				2
			4				7	
	7				3	6		

数独 intermedio 5

9					6		8	
		4		7				2
	2					7		
1				4				7
	6		9		8		4	
8				2				1
		9					6	
3				5		2		
	8		7					9

intermedio 6

					3	2		
6				5			3	
	7			2			6	
	9				4	5		
3								9
		8	7				4	
	4			6			8	
	6			8				3
		2	4					

intermedio 7

	2						1	
		4	5		9	7		
	9						8	
3				1				4
			3		5			
8				7				9
	1						9	
		3	6		2	5		
	4						6	

intermedio 8

		3				9		
				6				
2			4		5			8
		5	2		3	4		
	8						5	
		9	8		6	1		
6			3		8			2
				7				
		4				5		

intermedio 9

			1		8			
1			4		7			3
				9				
9		2				7		1
	5						3	
	7		8		1		6	
			2		3			
4				6				7
8								2

intermedio 10

		1	2				7	5
		8					2	
	6					3		
9	3				4	7		
				8				
		7	1				5	9
		2					1	
	8					6		
4	7				5	8		

intermedio 11

					2			
	3				7	6	5	
	9	2	8				3	
			6				1	9
				2				
1	2				5			
	5				9	4	7	
	6	8	3				2	
			4					

数独 intermedio 12

	7		1			5		8
2					6			
		8		7			6	
	3					9		
4			9		3			1
		2					8	
	5			8		7		
			4					2
9		1			7		3	

数独 intermedio 13

			3		9			
	3			6			8	
		6				1		
7			1		3			2
	9			2			6	
		5				4		
8			4		7			1
	2			5			4	
		9				7		

数独

intermedio 14

							6	
2	5				6	3	1	
	3			4	9			
	9	7						
		6		5		7		
						1	3	
			1	2			8	
	8	4	5				9	7
	2							

intermedio 15

8				1				9
	5		6				2	
		7				4		
				3			4	
9			1		7			8
	3			9				
		4				8		
	9				6		3	
1				4				2

intermedio 16

8	1					4	9	6
9								5
3				5				
			2		7			
		1				8		
			6		4			
				2				9
6								7
4	9	8					6	3

intermedio 17

		1	2			3	5	
				3				7
				7				9
			6				2	
		4		1		8		
	3				5			
9				4				
7				9				
	1	2			3	4		

intermedio 18

					2	3		
				4			7	
		8		6			4	
	3				7	1		
	5			3			2	
		2	1				5	
	7			1		8		
	2			9				
		9	5					

intermedio 19

			7				2	
		3			5			4
	2			3		9		
6			8				1	
				9				
	4				7			3
		1		6			9	
7			5			4		
	6				4			

intermedio 20

3	8						9	6
2	5						8	3
			4		8			
		9		7		5		
			5		6			
		1		4		2		
			3		5			
1	9						3	4
6	2						5	7

数独 intermedio 21

		6	7		8	3		
		7				2		
8	1			2			7	6
6								3
		2		9		4		
7								5
2	6			4			1	9
		9				6		
		3	8		9	5		

intermedio 22

	2				1			
1		3		5		4		
	7	6			8	1	2	
						7		3
	6						9	
3		4						
	3	2	9			6	7	
		1		7		8		2
			3				5	

数独 intermedio 23

1	5						2	3
3			2		4			7
				7				
	3		7		8		6	
		6				5		
	1		6		5		4	
				8				
9			1		7			4
4	7						8	9

intermedio 24

		5	6		2	1		
				8				
1		6		3		8		4
2								5
	3	8				4	1	
4								2
5		3		2		7		9
				7				
		9	3		5	6		

intermedio 25

		2	9	7	3	5		
			8		2			
3								9
7	8						2	1
2				5				7
6	1						4	5
5								6
			6		8			
		6	5	1	4	7		

intermedio 26

	5				3			2
				1			7	
	4	2			6	3		
	1		8		9	6		5
8				2				
	3		6		4	1		9
	8	9			1	5		
				9			1	
	7				8			3

intermedio 27

	7					1		
1	2	3					8	
	8							5
4	5	6			9			
	9			7				
			8	4				
		9		2		8	7	6
2				1		5		4
5						3	2	1

intermedio 28

	2						7	9
3		1						6
4			8		9			2
5		7	6		3			
	6		1		4	7	8	
			5		2	3		1
			3	2	1	6	5	
1	5					4		3
	3	8				2	1	

intermedio 29

					2	5		
	1			4			3	
4			3		8			
6		5				4		
	8			6			7	
		2				1		9
			6		7			3
	6			3			9	
		3	1					

intermedio 30

9					7			2
	5			2		3		8
		3		6			1	
			1					6
	8	6				2	5	
1					3			
	6			7		1		
4		2		9			8	
8			4					5

intermedio 31

8	1						7	6
3	5	2				1	9	8
	6			8			3	
			5		9			
		1				6		
	4	5				8	1	
7		3	1		8	9		4
		4				5		
		6	2		4	3		

intermedio 32

1	2	3	4			8		
			5				4	1
			6					
7	8	9	1					
					7	9		
5								8
	6				1	5		4
2								3
					3	2	1	

intermedio 33

		3				2		
	9						3	
5			7		6			9
		6		7		4		
	7			9			8	
		8		5		7		
7			4		2			3
	4						2	
		5				8		

intermedio 34

	2	3				6	7	
1			4		5			8
	6	2		9		8	3	
				8				
2			8	4	1			3
	1						2	
		4	5	3	2	1		

intermedio 35

1	2	3	4					
			5					6
	7	6						2
	8							
9							6	
				7	9	2	5	4
						6	3	
4					1		2	
	3			2			1	

intermedio 36

9		8	3		6	2		5
				2				
		2		7		1		
7			6		2			1
		6		8		4		
8			9		4			7
		4		6		8		
				9				
2		5	4		8	7		9

intermedio 37

1		4			8			
2	5							7
3		6			9			
4		7			5			
			1	4			8	9
		3				1		
			2				4	
				1				3
		5	3			2	1	

数独 intermedio 38

1						2		3
	4				5		6	
7				8				
	9		8					
4				7		5		
	8				6		1	
2								4
	5		3		1		2	
		3		2		1		

intermedio 39

	9						3	
7			2	3	4			8
		1				5		
						6		7
				8	7			
5						9		
		6				3		
3			5	4	1			2
	2						1	

intermedio 40

		6						9
1	2	3	4	5				
		7						
		8						
	9			6	4	3	5	2
2							7	
						8		
5					1		2	
	3			2				1

数独 intermedio 41

		5		3		7		
	2			1			5	
7			8		6			3
		7				2		
4	1						8	9
		6				5		
3			1		5			2
	9			2			6	
		8		6		9		

intermedio 42

				1				
			5		3			
		8				7		
			4		9			
9	5			3			1	6
4	8		1		7		3	2
5			9		1			7
	7		6		8		5	
		9				2		

数独 intermedio 43

		1				5	7	
2	4	5	6	7			3	
3				8				4
			9					
		6			7			9
					2		6	
1						3		
	3				1		2	
	5		3	2				1

intermedio 44

				4			9	
			6			3		2
		9			8		5	
	8			2		7		
2			7		3			9
		4		9			2	
	2		4			9		
7		5			2			
	3			8				

intermedio 45

	1	2	3		5	8		
		9					6	
4	5	6	7	8			3	
		4						3
		1						6
	2					4		
					1	6	5	4
1						3		2
3			4	2		1		

intermedio 46

		5	7	6				9
	3				5			
2					1			
4					7		8	
6				8				4
	9		4					7
			6					8
			2				4	
1				4	8	3		

数独 intermedio 47

			8			7		
		9			7			
8			5				3	
	2			4		1		5
			6		8			
7		1		2			6	
	5				1			9
			9			6		
		4			6			

intermedio 48

	6					7		
	1			6	5		2	
	3		8					6
6			4			3		
	9			8			5	
		1			9			2
3							8	
	2		5	7	3		9	
		4					1	

intermedio 49

		9	4	8	1	5		
	7						6	
2								1
9			2		3			8
6								7
	1			5			4	
		6				2		
		8		6		3		
		1		4		7		

intermedio 50

		6	7		3	2		
	4						1	
7				5				3
				4				
9	8			6			3	5
	3			1				
4								6
	2						7	
		8	4	9	6	1		

intermedio 51

		2	5	4			3	
6	3				7		8	
				2				5
	2		4		9			1
8		6				4		2
9			2		5		7	
5				9				
	1		6				4	9
	9			7	8	3		

intermedio 52

7	9							1
		6	3					9
				1	5		7	
		7	2		4		8	
		5				2		
	8		6		7	3		
	1		7	9				
4					8	7		
5							3	2

intermedio 53

		2	1	4	7	6		
	4						8	
7		9				1		2
3			8		2			9
2			7		5			1
1			4		9			6
5		8				2		4
	1						5	
		6	5	7	4	3		

数独 intermedio 54

	3						2	
	5	8	3	4	9	1	6	
	4	9	6	1	2	8	3	
	2	5	8	3	4	6	7	
		7	5	2	6	4		
				7				
				9				
			1	6	8			
	8	1	2	5	7	3	9	

intermedio 55

	2			7	1		5	
1			5					2
		8				3		
9				6			2	
6			3		4			5
	1			8				9
		5				4		
4					9			7
	6		2	4			3	

intermedio 56

			9		1			
	2	6				5	9	
	9		5		7		3	
6		8	4		5	3		9
				1				
7		5	2		8	6		1
	8		7		6		1	
	6	7				8	5	
			3		9			

intermedio 57

				9	5	4	8	
3			1					
5		4			7	6		
8		2		7			9	
6			2		9			1
	1			3		8		2
		5	4			1		9
					8			4
	3	9	7	1				

数独 intermedio 58

1		4				9		5
	2			9			4	
7			6		8			3
		7		2		3		
	8		7		5		9	
		6		8		1		
6			2		9			4
	1			5			6	
3		8				5		1

intermedio 59

					6		5	
3	2						1	
		1	5			4		
4				6		3		
			8		7			
		3		4				2
		2			9	5		
	7						4	3
	9		1					

intermedio 60

	1	7				9	2	
2			6		9			4
			4					1
			2				6	
		1				4		
	3				5			
8					4			
6			9		2			8
	9	4				3	7	

intermedio 61

				4			7	
2					6			4
3	7		1				5	8
8				2				6
		1				3		
9				7				1
4	8				9		6	7
5			3					2
	9			1				

intermedio 62

1	2	3					4	
							5	
			7		2		6	
5							7	1
7			4	5	6			2
4	8							6
	7		1		3			
	6							
	5					7	8	9

数独 intermedio 63

	5	7				8	2	
	1			3				
2			4					
		2		1				6
1			6		5			4
8				2		1		
					3			8
				9			3	
	4	6				7	5	

intermedio 64

	9	2						
3			1		6	4		
7				2			8	
	6		8				5	
		5				3		
	1				9		4	
	8			4				6
		9	7		5			3
						7	2	

intermedio 65

							3	
	9	1			7		8	5
	3			1				
			2				6	
		2		9		7		
	5				4			
				5			2	
6	8		3			9	5	
	4							

数独 intermedio 66

				2	8	1		
			6				5	
	7	9						3
			1				6	
		5				4		
	8				3			
2						8	1	
	1				9			
		6	4	5				

intermedio 67

8			6			2	1	
					3			9
	1			4				8
	2		5					7
	3						6	
4					2		5	
5				1			4	
6			9					
	7	8			6			1

intermedio 68

	1	5	6					
		3			2			
4					9	1		
6	8				5			
9								4
			7				2	3
		4	1					6
			2			7		
					7	5	1	

数独 intermedio 69

5	8			3				
3						8	4	
		9	5				6	
		3		1				
7			3		4			2
				6		4		
	2				1	3		
	6	8						7
				9			5	4

intermedio 70

		5		2				9
		7	8	3				
			7			6	8	
					8	7		
	9	3				4	5	
		2	1					
	2	6			1			
				4	3	2		
5				7		1		

intermedio 71

	7			2			3	
8								9
		5		9		4		
	5			8			4	
3		1	9		7	6		2
	9			6			8	
		9		7		8		
1								6
	4			5			7	

intermedio 72

		5		2				
		4		3		2		9
						5		3
	5		7					
	6		4		5		8	
					9		7	
5		2						
1		3		5		4		
				4		3		

数独 intermedio 73

3								8
		7	1	2				
	8	4				7		
				5	4	2		
4				8				5
		8	9	6				
		3				1	9	
				9	7	4		
5								3

✤✤✤✤✤

intermedio 74

		2			4			8
7				3		9		
6			5			4		
		1			6			3
	7			8			5	
4			7			8		
		9			7			2
		3		9				1
5			2			6		

intermedio 75

			5			7		
		4		6			5	
		6		8			9	
		5			1		2	
4								3
	6		7			5		
	7			9		6		
	8			4		2		
		3			5			

数独

intermedio 76

				5	9			
		8			1	2		
	7	3				4		
5	4							
							3	1
		1				9	8	
		6	7			5		
			1	4				

intermedio 77

						4	3	
5	7			9	8			
		8	4					
					4	1		
9	6			5			4	7
		5	6					
					5	6		
			8	3			7	2
	3	1						

intermedio 78

8	5						4	
1			3					
					9	7		
					4		2	
	3	7				9	8	
	1		5					
		2	8					
					6			3
	6						5	1

intermedio 79

		2	1					
	4					5	6	
	1			3				7
								4
		5		6		2		
1								
3				7			1	
	2	9					3	
					4	8		

intermedio 80

	5						9	
1								7
		3	8		2	6		
		7		9		3		
			2		6			
		8		1		2		
		6	3		1	9		
8								1
	4						5	

数独 intermedio 81

					3		2	
			1	2		8		
		7		9				
	5		2				1	
6		4				9		7
	8				7		4	
				3		6		
		2		1	4			
	4		8					

数独 intermedio 82

	1			2				8
3			5			4		
		9			7			
				4				7
	8						9	
2				6				
			3			1		
		4			9			5
7				8			6	

intermedio 83

							4	3
	1	4	8	9				
	6			1			8	
	8	6	5	2				
				4	1	2	5	
	9			5			1	
				7	9	8	6	
4	3							

✤✤✤✤✤

intermedio 84

	1			4			5	
2		4		3		6		8
	3						7	
			6		9			
		5		7		9		
			5		8			
	6						3	
7		9		8		4		2
	8			9			1	

数独 intermedio 85

		2						
		3	7				1	9
	7		6	4		5		
				1		2		
4	9						7	8
		6		5				
		1		9	2		8	
8	5				3	4		
						6		

✤✤✤✤✤

数独 intermedio 86

1				7			4	
		9						7
	8		6			5		
		7			3			
6								1
			9			3		
		3			4		2	
9						1		
	5			1				6

intermedio 87

8								6
			8	2	6			
		7				4		
	8			5			1	
2			6		8			4
	5			7			3	
		1				5		
			2	1	4			
3								8

intermedio 88

			2					3
	3			5		7		
9					6		2	
		2						6
			4		9			
7						5		
	4		7					9
		6		1			3	
5					8			

数独 intermedio 89

	5		3					
				7		6		
4							1	
	8		6		4			7
9			5		8		4	
	6							3
		7		2				
					1		9	

DIFÍCIL

difícil 1

				2		4		6
	8				3		5	
7			9					
		2			4			
	5			8			6	
			2			3		
					9			4
	3		5				7	
8		9		6				

✤✤✤✤✤

数独 difícil 2

		1	5		6	4		
							6	
4				7				2
	2				1			8
	7						4	
8			9				2	
5				3				4
	8							
		9	6		7	3		

✤✤✤✤✤

数独 difícil 3

		9				2		
			5		4		8	
4								6
	7			1			9	
3			2		8			5
		5		6		4		
8								3
	3		4		9		1	
		6		7				

✤✤✤✤✤

difícil 4

数独

		5		1		4		
	8		3		5		7	
4								9
		2		7		8		
	3			9			5	
6								1
	2		6		9			
							3	
	7				2			8

✤✤✤✤✤

difícil 5

		8						9
9				2			3	
	2		5			6		
	3				4			
1		6		5		2		3
			8		1		4	
		9		1				7
	8				9		1	
2			7					

✤✤✤✤✤

difícil 6

2				5				3
	8			1			7	
5			9					2
		6			2	1		
	4			7			3	
		2	3			9		
8					9			
	7			6			2	
		5	4			6		8

✤✤✤✤✤

数独 difícil 7

	6				5			
				3			9	
1						4		8
			1		9			
	8						7	3
7				4		6		
4					8		1	
			5					
	1	3			6			2

✣✣✣✣✣

difícil 8

	9			7	8		2	
		5				6		
2								5
5		7					9	
			1	4	3			
	2							4
		9			6			
			8					7
1				2		3		

✤✤✤✤✤

difícil 9

		7		3				
8				6		4		
		1		7				9
						6		
6	2		7		1			5
							8	
4			5					
	1				2		7	4
	3				9			

✤✤✤✤✤

difícil 10

<table>
<tr><td>6</td><td></td><td></td><td></td><td></td><td>1</td><td></td><td>8</td><td></td></tr>
<tr><td></td><td></td><td></td><td>3</td><td></td><td></td><td></td><td></td><td></td></tr>
<tr><td></td><td>7</td><td></td><td></td><td>4</td><td></td><td>6</td><td></td><td></td></tr>
<tr><td></td><td>5</td><td></td><td></td><td>9</td><td></td><td></td><td></td><td></td></tr>
<tr><td>8</td><td></td><td>1</td><td></td><td></td><td></td><td>3</td><td></td><td>5</td></tr>
<tr><td></td><td></td><td></td><td></td><td>7</td><td></td><td></td><td>4</td><td></td></tr>
<tr><td></td><td>2</td><td></td><td>4</td><td></td><td></td><td></td><td>1</td><td></td></tr>
<tr><td></td><td></td><td>3</td><td></td><td></td><td>8</td><td></td><td></td><td></td></tr>
<tr><td></td><td></td><td></td><td></td><td>6</td><td></td><td>7</td><td></td><td>9</td></tr>
</table>

✤✤✤✤✤

数独 difícil 11

4				5				
		8					3	
	6					8		9
				4			1	
5		9					7	
	2			6				
		3			9			5
1						6		4
			8		4			

✤✤✤✤✤

difícil 12

	6			2				8
5			7			9		
		1					4	
9				3				
			4		8			5
1		2						
		8					1	
				9		3		
	4				2			7

✤✤✤✤✤

difícil 13

4						2	9	
					7			
		3	8					4
1	2				3	4		
		5	6				7	8
6					4	9		
			1					
	7	8						5

✤✤✤✤✤

difícil 14

	7							
3							1	
			6	8	3			
		1				6		
		4		3	2		7	
		8		7		9		5
			9		1	5		3
	2			5				1
					7	4	2	

✤✤✤✤✤

数独 difícil 15

3			1				8	
		2			4			3
	8					5		
4			6				2	
9				5				7
	5				3			8
		6					1	
2			9			7		
	7				2			6

✤✤✤✤✤

数独 difícil 16

1				9				3
	8				6		2	
		5	7			4		
	2					6		
3				7				1
		7					9	
		9			2	5		
	4		3				7	
6				1				8

✤✤✤✤✤

difícil 17

1				7	3			
2	3				8			
		4				1	9	
		7	5				1	
	8				1	9		
	5	6				7		
			4				8	2
			6	9				1

✤✤✤✤✤

difícil 18

<table>
<tr><td></td><td></td><td></td><td></td><td></td><td></td><td></td><td></td><td></td></tr>
<tr><td></td><td></td><td></td><td>6</td><td>2</td><td></td><td></td><td></td><td></td></tr>
<tr><td>7</td><td>3</td><td></td><td>1</td><td>8</td><td></td><td></td><td></td><td></td></tr>
<tr><td>9</td><td>1</td><td></td><td></td><td></td><td>6</td><td>3</td><td></td><td></td></tr>
<tr><td></td><td></td><td>2</td><td>4</td><td></td><td>8</td><td>5</td><td></td><td></td></tr>
<tr><td></td><td></td><td>4</td><td>5</td><td></td><td></td><td></td><td>9</td><td>6</td></tr>
<tr><td></td><td></td><td></td><td></td><td>6</td><td>3</td><td></td><td>7</td><td>8</td></tr>
<tr><td></td><td></td><td></td><td></td><td>5</td><td>2</td><td></td><td></td><td></td></tr>
<tr><td></td><td></td><td></td><td></td><td></td><td></td><td></td><td></td><td></td></tr>
</table>

difícil 19

			9			2		
		8			5			
5				1			3	
	6		5		7			9
		7				3		
2			6		8		1	
	7			2				6
			3			9		
		1			4			

✤✤✤✤✤

difícil 20

4	6			9			2	
5				6				4
			8		4	5		
		7				6		
6	3						1	2
		4				8		
		5	1		8			
8				7				5
	7			3			8	1

difícil 21

		3				7		
		9	1		8	5		
8	1						9	6
	8			4			7	
			8		6			
	9			2			5	
6	7						3	9
		5	9		4	8		
		4				1		

✤✤✤✤✤

difícil 22

2		3	8		1			6
	9					1		
8		1				3	2	
7					3			4
				9				
9			6					2
	2	9				4		8
		7					1	
6			9		2	5		3

数独 difícil 23

			4		1	6	2	
								9
	9	1				4	8	
9		8	3		5			4
5								8
7			6		9	2		5
	2	7				5	4	
1								
	5	6	2		7			

✤✤✤✤✤

difícil 24

1				6				
6	5						8	1
			2		1		6	
		5		1		8		
7		9				6		3
		6		3		7		
8	4		7		5			
	7						3	8
				8				7

difícil 25

	6						3	
7			1		4			8
			5		9			
	1	4				8	7	
				1				
	8	2				5	1	
			7		5			
9			6		8			3
	2						5	

✤✤✤✤✤

difícil 26

			4	9	2			
	2	7				5	4	
	9						8	
9				1				7
1			3		9			8
5				4				6
	6						7	
	1	5				6	2	
			2	3	6			

✤✤✤✤✤

数独 difícil 27

				3				
	2		5	1	4		7	
		1				4		
	5		8		2		4	
2	9						3	6
	4		9		3		2	
		4				5		
	3		2	5	6		9	
				9				

✤✤✤✤✤

difícil 28

	2	6	3		8	5	7	
	8		2		9		6	
	7	9				4	5	
				6				
	5	4				2	8	
	9		1		6		2	
	6	8	7		4	9	3	

✤✤✤✤✤

数独 difícil 29

	4						3	
5	9			6			1	7
			5		2			
		4		5		1		
	5		7		8		9	
		1		3		6		
			6		5			
8	6			2			4	1
	3						6	

✤✤✤✤✤

difícil 30

			4				2	
		1		9		7		
	7				3			8
		2					4	
7			1		8			3
	9					2		
3			7				9	
		4		5		1		
	8				6			

✤✤✤✤✤

difícil 31

6				3				1
			4	2	9			
		4				3		
			5		8			
8	1						3	9
			3		6			
		9				5		
			7	5	1			
1				8				2

✤✤✤✤✤

数独 difícil 32

	9						5	
2			7		6			1
	5			9		3		
			8					7
	6						9	
8					9			
		9		1			4	
3			9		8			2
	1						3	

✤✤✤✤✤

difícil 33

3			8	2				
							9	3
	7	4			5			
								6
		9	6		4	8		
5								
			9			6	4	
2	8							
				3	1			2

✤✤✤✤✤

difícil 34

3								
	9		7				4	
		6			1	5	2	
	4				5	8		
		5	3				6	
	2	3	4			9		
	7				9		1	
								8

✣✣✣✣✣

difícil 35

4			9				2	
		3			1			5
	2					7		
1			5				8	
		8		7		5		
	7				4			2
		6					9	
3			8			4		
	9				3			6

✤✤✤✤✤

数独 difícil 36

	3				5			
6				8			1	
			2			6		8
		4					2	
				1				
	7					3		
3		5			8			
	1			6				7
			3				9	

✤✤✤✤✤

difícil 37

				6				
			8	1				
	3		4			5		
9	5				8	6		
2			7		1			3
		1	2				8	7
		5			9		1	
				8	2			
				3				

✤✤✤✤✤

difícil 38

3				4				8
	6	2			7			
					1	5		
			7			4	1	
7				3				9
	8	6			5			
		7	1					
			4			3	2	
9				6				4

✤✤✤✤✤

	8						5	2
5				3				9
7			2			8		
			4				2	
	7						4	
	2				9			
		9			7			1
6				2				3
1	3						8	

✤✤✤✤✤

difícil 40

					4		8	
4	2		1				3	
			7					
8						6	4	
				9				
	3	9						7
					6			
	7				9		5	2
	5		8					

✤✤✤✤✤

difícil 41

9			6	2				
						9	7	
			5				8	
7		9	3					
6								9
					2	4		6
	5				8			
	2	4						
				5	7			4

✤✤✤✤✤

difícil 42

	5							
		6	9					1
			2	8			9	
				1		6	2	
		5	3		9	4		
	7	2		6				
	1			9	2			
7					4	5		
							7	

数独 difícil 43

						8	3	
5	9			2				
			7			6		
		3			9			4
8				3				6
4			5			3		
		6			8			
				7			2	9
	5	4						

✤✤✤✤✤

difícil 44

3								6
		1			2	3		
	2			1			4	
	8		1		9			
		9				4		
			2		6		3	
	9			7			6	
		8	6			7		
1								9

✣✣✣✣✣

difícil 45

	2						7	
5			8					9
		4			3	6		
		8		2			3	
			9		5			
	9			4		7		
		5	1			3		
9					6			8
	4						2	

✣✣✣✣✣

difícil 46

9	8	7	6		4			
			5					
	2	4					9	
	5							7
8						3		
					3	2	1	6
						5		4
2					1			3
	4	3					2	1

数独 difícil 47

1				5		6		
2				6			7	
	3		7				5	
		4						8
9				8				4
	6			9		7		5
	5			4		3		2
		3			2		1	

✤✤✤✤✤

数独 difícil 48

	8	2	9	1				
	1			2	8	7		
	3					6		
	4	1		8		2	9	
		6					7	
		4	1	5			3	
				6	2	1	5	

✤✤✤✤✤

difícil 49

	6	5				7	3	
3								9
		1	2	3	4	5		
9								7
			6	7	8			
8								1
		9	3	5	1	4		
1								3
	4					2	1	

✤✤✤✤✤

difícil 50

		1				5		
	2						7	
	3			6			9	
		4	5		7	8		
								9
		3				2		
	9						3	
	8			1			2	
		5	3		2	1		

✤✤✤✤✤

difícil 51

	8						9	
4	1						2	3
			9		2			
		2	8		1	9		
		6	2		5	1		
			5		8			
3	7						4	1
	2						7	

✤✤✤✤✤

difícil 52

1	2	3			4			5
	4				2	1		3
	6				5		9	7
	3				8			6
			7	9				
		8			7			
		6	5	4	3			
		2			1			

difícil 53

		9						6
2								8
7	3				5	9	1	4
		6		5		8		
			4	9				
		7		3		6		
4	9				8	1	6	3
8								7
		2						9

✤✤✤✤✤

VARIANTES

数独 variación 1

7		4			6	5					
	9			7			1				
2			4					7			
		8							4		
	3				4	8				5	
6				8			4				2
1				6			8				1
	6				3	7				9	
		7							8		
			9					8			5
				7			1			2	
					2	5			6		3

数独 variación 2

1	9		2		8		5	7			
3				7				2			
7			8	6						5	2
	3		7								1
6											
											3
9								4		9	
5	1						7	8			4
			6				3				9
			4	3		1		6		7	8

数独 variación 3

		4			6	5		
	7			8			2	
9			3					4
8			6					5
				1			9	
		7			5	2		
7			5					9
							1	
	2				7	3		

		4	7			5		
	1							
5				2				7
		6	4			7		
	5			2				
8					3			5
2					4			6
	7			5			8	
		8	6			9		

variación 4

		7				8					
	8		9		1		2				
1				5				3			
	9				4		7				
		6		1		3					
	4		3								
3				9					8		
	1		4					7		5	
		4					3				2
								2		6	
					6		1		7		
				5		8				3	
			9				5				6
				6		1		9		8	
					1				3		

数独 variación 5

				3				
	6			2			4	
		4		6		7		
			5		2			
	7	8		4		1	5	
			1		7			
		1		7		5		
	8			5			7	
					4		8	

	7		5					
	5			7			2	
		4		8		5		
			9		8			
	9	3		5		1	7	
			3		7			
		5		3		4		
	2			9			8	
				2				

variación 6

	6						1	4
7	2		6					3
				2		7		
2	5	4			7			
		9					8	1
			4			5		
		2						
3				9	5			
4				8				

				1				6
			7	9				5
						8		
		3			1			
7	8					9		
			6			4	5	8
		4		3				
8					4		2	9
3	9						8	

variación 7

3		2			5						
	4			6		3					
9			7				1				
		6	4					5			
	1			3					1		
7					9					4	
	9					6					4
		5					8			2	
			1					9	7		
				4				6			5
					3		5			9	
						2			4		3

variación 8

	9	6	3		1	8					
	8			6			3				
	1			4	6		8				
		4	5	1				3	2		
	5		7							5	
	3							2		9	
		7	8				5	9	1		
				9		7	6			2	
				5			1			3	
					1	2		4	7	8	

数独 variación 9

	5	3						
2			6			5	8	
4			1		7			6
	2	5			4			7
						9	3	
		7	5					
	4			7				
	1			3			9	
		8	2					

					6	1		
	9			2			4	
				9			3	
					4	8		
	7	2						
5			8			9	7	
9			4		5			7
	1	7			2			9
						6	2	

variación 10

2			6			4					
5		8		1			9				
	4			5	9			3			
		6				8					
8	1		9		6		3				
		9	5					6			
	3								3		
6		1									
	8								5	7	
			6		1	4			8		9
			4								
			2		9	1			7		3
	7								9	3	
5		8									
	2								4		
		2	4					6			
6	3		1		5		9				
		5				2					
	5			6	9			3			
7		1		5			8				
8			2			5					

variación 11

							3	7			5	1							
						8							6	5					
								2	8	6									
							6				3	8							
						9								7					
								8	9				2						
	4									9	4	5							
5				6	2									1					
		8	9						6						7	5			
		6	4										3				5		
9	3						1	5				6			1			9	
					9	6					7				6				8
4	6				8	2							2	8		1	7		
		2	1	5				9			4				9				2
7										6					3			4	
						9			3								3		
					5			7		2				9	8	7			
					3			9				8							
					8				2				4						
						2				1			7						
							2	6		5			3						
					1				4			9							
						4	6	3			8								

variación 12

			6					
	7			3			6	
		6		7	4	1		
		3						8
	9	7		2		6	4	
8						5		
		2	4	5		9		
	5			1			7	
					6			

variación 13

			5		8			
		7				2		
	5			6			4	
4				7				5
		8	3		5	9		
3				9				8
	7			5			8	
		6				3		
			6		7			

variación 14

8	9						2	1
4	6						8	5
		7		1		4		
		2				5		
		1		6		2		
7	5						3	4
2	3						7	6

variación 15

4								6
	5	9				1	7	
	1			3			2	
				6				
		5	4		7	2		
				2				
	9			8			5	
	4	8				3	6	
5								2

variación 16

1								2
4		7		8		3		1
	7		4		2		8	
		6				9		
	4		3		5		2	
5		2		9		7		8
9								5

variación 17

	5			1			8	
2			4					6
							2	
7				2				8
	7							
1					7			4
	3			6			9	

数独 variación 18

1					7		9	
	2			3		4		5
		3					6	
			4					8
	1			5			3	
2					6			
	8					7		
9		1		7			8	
	7		3					9

variación 19

		4				8		
	6		7		3		9	
9				2				7
	5						3	
		1				7		
	3						5	
5				6				9
	7		3		9		4	
		8				2		

variación 20

	9	2			5			
7			6			9		
	1	4					2	
					7			1
		6		5		1		
2			9					
	8					4	7	
		7			9			8
			8			5	3	

数独 variación 21

				2				
				9				
	3						4	
	9						7	
			4		5			
8			6		1			4
2								9
		7		4		1		
		8		1		9		

variación 22

7		2		11		10	9	4	3		5		16		12
	15		1		14		2	6		16		9		13	
11		12		5		15			14		9		6		2
	13		14	12	3	6			15	2	11	5		4	
1		7	10		15		11	14		12		16	3		13
	4		16	1		5			2		10	11		15	
2		15	11		4	9	12	16	13	8		1	5		6
13	5			3		16	14	1	11		6			8	10
10	12			4		7	16	2	1		13			5	11
6		3	9		5	1	15	11	8	4		14	10		7
	1		7	6		11			9		15	8		12	
8		11	13		12		3	7		5		4	1		15
	7		2	16	10	12			4	3	1	6		11	
15		1		14		3			6		2		7		4
	11		3		9		6	13		10		12		1	
12		6		7		13	4	15	16		14		2		8

variación 23

8	5		1	2	3		11		6		12		16	13	7
2					4			9	1	14		11		10	
				5					2		10	1	3		6
	12	13	14	15	6	16	1			7		5		9	2
					7				9	11	4		5		3
					8			1							
			11		9					8	2	4	1	7	
				10						6				2	
	2	1	4	7	12	11	3			5		9		8	
	11		3		1		2		10	9	8	7	6	5	4
13	9	8	7	6	10	4	5	2		1				3	
										3		2		1	
	1		2		13		12	11		10	9	8	7	6	5
12	8	5		3	2	1		6						4	
	7		6		5		4		3	2	1				
11		10	9	8		7	6	5		4		3	2		1

variación 24

3		14			13	16			7	10			6		5
9	12	15		2		5	4	14	16		1		13	11	7
				8			6	11			4				
	13		8		14	15			6	9		2		12	
11	3	13		1	2					14	6		9	4	8
8	15		9	3		14			4		11	6		10	13
		2	7		8	11			13	12		15	16		
	16			4	15					7	9			2	
	2			16	1					4	10			6	
	8	9	12		4	13			1	2		11	10	3	
4	6			10		8			14		7			13	2
16					7					11					9
				15	12					3	13				
	9	11		13	5		16	7		6	14		4	8	
	1	4		7		9	2	12	11		8		14	15	
					6	4			9	1					

variación 25

9		11	3									8	5		12
		14	4			11	1	15	16			2	7		
15	5			7			8	13			9			14	10
1	8				14					2				11	9
		13		1		9	14	7	5		15		4		
			9		6	7			1	11		14			
	11				5					13				1	
	14			11	3		12	6		9	16			2	
	7			10	1		9	3		16	6			12	
	9				12					1				10	
			14		11	6			4	10		1			
		16		4		2	15	11	9		5		8		
11	16				15					7				8	1
4	1			9			5	12			3			13	14
		2	5			10	11	16	6			12	3		
13		6	7									15	10		4

variación 26

12		6			5	10	7		8	2	1
		5		12		6		10		7	
		10			2		1	12	5		6
	12		6					7		5	10
5				6		12			11		2
		7			10		5				
6	5		10		1		9			8	
7		12			6		3		1		11
	1	8	11			4			2		
10		2		5					7		
	6		5	1	3				10		
9	3	1		10		8		5	6	12	

variación 27

	9			1	10	2	4			8	
		1	10	12			11	2	7		
5	2	11							9	10	1
1				11	2	10	3				12
		4	7	9			6	10	11		
12		10							1		3
11		12							5		10
		2	8	10			7	11	3		
9				3	11	8	12				7
4	1	7							10	11	6
		8	11	7			1	9	12		
	12			2	4	11	10			7	

variación 28

1	2							5
3	4							
			5		3	4		
		6			2	1		
				9				
		3	8			7		
		1	2		8			
							2	1
7							4	3

数独 variación 29

					3			
	4	7	9		1		3	
					8		6	
2	3	1					4	
	5					9	2	3
	7		1					
	9		6		7	5	8	
			5					

variación 30

		2	7					
					2	4		
	1	3			4	2		7
	3	1						4
				9				
6						7	8	
1		5	6			8	7	
		6	5					
					1	5		

variación 31

8	4				3	1		
5	7				8	2		
			7	2			3	1
		2		7			5	3
		5	3		9	7		
6	3			5		4		
9	1			8	4			
		9	5				8	4
		7	9				1	8

数独 variación 32

		8	5	2			9	
7					8			
		5	8	3		9		4
	8		6		5	1		7
9		6				5		1
5		2	1		7		3	
4		7		9	2	8		
			4					6
	1			8	3	2		

variación 33

	7	9		6		3	1	
6		7				4		8
			6		5			
	3		1		9		8	
4		2		8		6		9
	1		7		2		5	
			4		8			
3		4				1		2
	4	5		3		8	9	

variación 34

1			4		7			2
		7		8		1		
6								5
		8		5		4		
5								9
		6		7		9		
7			6		8			4

variación 35

9		2		6		4		1
	7		3		8		5	
				1				
7			2		9			4
	9	4				2	6	
8			6		5			7
				9				
	6		4		1		7	
3		8		5		9		2

variación 36

	7		2		8		1	
		9		6		4		
6			3		5			7
	3			8			5	
		8				2		
2			9		4			8
	6			1			9	
3		5				7		1
	4		5		9		2	

variación 37

			9		5			
8		7				9		4
	1			7			2	
		3	8		7	4		
			6		4			
		6	3		2	8		
	5			4			3	
2		9				1		7
			7		9			

variación 38

9			2		3			6
		1				9		
	2						4	
4			1	6				7
			3		7			
3				2	4			8
	8						5	
		2				4		
5			8		1			2

RESPUESTAS

4	6	2	9	5	8	1	3	7
5	3	1	6	7	4	8	9	2
7	8	9	2	3	1	6	4	5
3	9	4	1	6	2	7	5	8
2	7	5	8	9	3	4	1	6
8	1	6	7	4	5	9	2	3
6	2	7	3	1	9	5	8	4
1	4	3	5	8	6	2	7	9
9	5	8	4	2	7	3	6	1

Fácil – 1

9	4	8	6	2	7	1	3	5
1	7	2	5	3	4	8	6	9
6	3	5	1	8	9	2	7	4
7	9	1	2	6	3	4	5	8
3	8	4	9	5	1	6	2	7
5	2	6	7	4	8	9	1	3
8	1	3	4	7	6	5	9	2
4	5	9	3	1	2	7	8	6
2	6	7	8	9	5	3	4	1

Fácil – 2

2	3	6	9	1	8	4	7	5
7	5	1	6	4	2	3	9	8
4	9	8	5	3	7	6	1	2
9	2	7	1	6	3	5	8	4
1	6	3	8	5	4	7	2	9
8	4	5	7	2	9	1	6	3
5	8	9	3	7	1	2	4	6
3	1	2	4	8	6	9	5	7
6	7	4	2	9	5	8	3	1

Fácil – 3

8	7	5	9	6	2	4	3	1
2	4	6	1	8	3	5	9	7
3	9	1	7	4	5	8	2	6
4	3	2	8	1	9	6	7	5
6	5	7	2	3	4	1	8	9
1	8	9	6	5	7	2	4	3
7	2	8	5	9	6	3	1	4
5	1	3	4	7	8	9	6	2
9	6	4	3	2	1	7	5	8

Fácil – 4

7	9	8	5	3	2	4	1	6
4	6	5	9	1	7	2	8	3
3	2	1	6	4	8	5	7	9
8	5	9	1	2	3	7	6	4
1	7	2	4	5	6	9	3	8
6	4	3	7	8	9	1	5	2
5	3	4	8	9	1	6	2	7
2	1	7	3	6	4	8	9	5
9	8	6	2	7	5	3	4	1

Fácil – 5

3	7	2	9	4	1	5	8	6
6	5	9	8	2	7	4	3	1
4	8	1	5	3	6	7	9	2
2	3	8	7	6	5	1	4	9
5	4	6	3	1	9	2	7	8
1	9	7	4	8	2	3	6	5
8	1	3	2	9	4	6	5	7
7	6	4	1	5	8	9	2	3
9	2	5	6	7	3	8	1	4

Fácil – 6

1	2	8	9	4	7	6	5	3
9	3	7	2	6	5	8	1	4
6	4	5	3	8	1	9	7	2
4	9	6	8	5	2	1	3	7
7	8	2	4	1	3	5	9	6
5	1	3	7	9	6	2	4	8
3	7	9	5	2	8	4	6	1
2	6	4	1	3	9	7	8	5
8	5	1	6	7	4	3	2	9

Fácil – 7

2	3	6	8	9	7	1	5	4
8	1	7	5	3	4	6	9	2
9	4	5	2	6	1	8	3	7
5	2	1	7	8	9	3	4	6
3	9	8	6	4	5	2	7	1
6	7	4	1	2	3	5	8	9
1	5	3	4	7	2	9	6	8
4	8	9	3	1	6	7	2	5
7	6	2	9	5	8	4	1	3

Fácil – 8

1	9	3	5	6	2	8	4	7
6	4	7	8	3	9	2	1	5
8	5	2	7	1	4	6	9	3
4	8	6	3	2	1	7	5	9
9	2	1	4	7	5	3	6	8
7	3	5	9	8	6	1	2	4
2	7	4	1	9	3	5	8	6
3	1	9	6	5	8	4	7	2
5	6	8	2	4	7	9	3	1

Fácil – 9

6	2	5	7	1	9	8	4	3
7	8	3	6	5	4	1	2	9
4	1	9	8	3	2	7	6	5
9	5	6	1	7	3	4	8	2
8	4	7	9	2	6	5	3	1
2	3	1	5	4	8	6	9	7
5	6	2	4	9	7	3	1	8
3	7	8	2	6	1	9	5	4
1	9	4	3	8	5	2	7	6

Fácil – 10

1	6	9	7	8	3	5	4	2
2	8	5	9	4	1	6	3	7
4	3	7	2	6	5	8	1	9
7	9	4	8	1	2	3	6	5
6	2	3	5	7	4	9	8	1
8	5	1	6	3	9	7	2	4
5	4	8	1	9	6	2	7	3
9	1	6	3	2	7	4	5	8
3	7	2	4	5	8	1	9	6

Fácil – 11

1	3	7	5	9	2	4	8	6
8	9	4	7	1	6	5	3	2
5	6	2	8	3	4	9	7	1
6	4	5	2	8	7	1	9	3
3	7	8	9	6	1	2	5	4
2	1	9	3	4	5	7	6	8
9	5	6	1	2	8	3	4	7
7	8	1	4	5	3	6	2	9
4	2	3	6	7	9	8	1	5

Fácil – 12

5	9	6	4	2	1	3	7	8
7	1	3	9	8	5	6	2	4
8	4	2	6	7	3	9	1	5
1	2	8	5	9	4	7	6	3
9	6	5	7	3	2	8	4	1
3	7	4	8	1	6	2	5	9
4	5	9	2	6	8	1	3	7
6	8	1	3	5	7	4	9	2
2	3	7	1	4	9	5	8	6

Fácil – 13

7	4	8	6	9	5	1	3	2
3	2	6	1	4	8	9	5	7
1	5	9	2	7	3	4	8	6
6	3	1	4	5	9	7	2	8
5	9	7	8	1	2	6	4	3
2	8	4	3	6	7	5	1	9
4	7	2	5	8	6	3	9	1
8	6	5	9	3	1	2	7	4
9	1	3	7	2	4	8	6	5

Fácil – 14

1	5	6	2	8	7	9	3	4
3	4	8	9	1	5	6	2	7
2	9	7	6	3	4	5	8	1
5	6	3	4	7	1	8	9	2
4	1	2	8	9	3	7	6	5
7	8	9	5	6	2	1	4	3
9	3	5	7	4	6	2	1	8
6	7	4	1	2	8	3	5	9
8	2	1	3	5	9	4	7	6

Fácil – 15

4	9	5	3	7	6	1	8	2
2	6	8	1	5	4	7	9	3
3	1	7	8	2	9	4	6	5
5	8	1	9	6	2	3	7	4
6	7	2	4	1	3	9	5	8
9	3	4	5	8	7	2	1	6
8	2	9	6	4	1	5	3	7
1	4	6	7	3	5	8	2	9
7	5	3	2	9	8	6	4	1

Fácil – 16

1	5	6	2	9	7	8	4	3
4	7	3	6	5	8	2	9	1
8	2	9	4	3	1	5	7	6
7	6	4	1	2	9	3	8	5
9	8	2	3	6	5	4	1	7
5	3	1	8	7	4	6	2	9
2	1	5	7	4	3	9	6	8
3	4	7	9	8	6	1	5	2
6	9	8	5	1	2	7	3	4

Fácil – 17

4	3	7	8	9	5	1	6	2
8	2	6	1	3	7	4	9	5
9	5	1	4	2	6	3	7	8
5	1	8	7	6	3	2	4	9
7	6	4	2	8	9	5	1	3
3	9	2	5	1	4	6	8	7
6	8	5	3	7	1	9	2	4
1	7	3	9	4	2	8	5	6
2	4	9	6	5	8	7	3	1

Fácil – 18

1	7	5	6	4	8	9	3	2
2	3	4	9	7	1	6	8	5
6	8	9	5	3	2	4	7	1
7	6	3	1	2	4	5	9	8
8	4	2	3	5	9	1	6	7
9	5	1	8	6	7	3	2	4
3	2	6	4	8	5	7	1	9
4	9	8	7	1	3	2	5	6
5	1	7	2	9	6	8	4	3

Fácil – 19

1	8	5	2	4	3	9	6	7
4	3	2	6	7	9	8	5	1
7	6	9	8	5	1	4	2	3
6	7	1	5	9	8	3	4	2
8	9	4	3	2	7	5	1	6
2	5	3	4	1	6	7	9	8
3	2	7	9	6	4	1	8	5
5	4	8	1	3	2	6	7	9
9	1	6	7	8	5	2	3	4

Fácil – 20

2	7	1	3	8	4	6	9	5
3	8	6	9	5	1	4	7	2
9	4	5	6	2	7	3	1	8
4	1	3	7	9	8	2	5	6
5	2	9	1	6	3	7	8	4
8	6	7	5	4	2	9	3	1
7	3	8	2	1	6	5	4	9
6	9	4	8	3	5	1	2	7
1	5	2	4	7	9	8	6	3

Fácil – 21

1	5	4	9	8	3	7	2	6
6	3	8	5	7	2	4	9	1
2	7	9	6	4	1	8	5	3
9	4	7	1	2	6	5	3	8
3	6	5	4	9	8	1	7	2
8	2	1	7	3	5	9	6	4
7	9	2	3	1	4	6	8	5
5	1	3	8	6	9	2	4	7
4	8	6	2	5	7	3	1	9

Fácil – 22

5	1	4	2	3	8	6	7	9
6	8	9	7	1	4	2	5	3
3	7	2	6	5	9	1	4	8
4	9	1	3	8	5	7	6	2
2	5	3	9	6	7	8	1	4
8	6	7	4	2	1	9	3	5
1	2	6	8	4	3	5	9	7
9	4	8	5	7	6	3	2	1
7	3	5	1	9	2	4	8	6

Fácil – 23

8	2	5	6	1	3	7	4	9
1	6	7	9	5	4	8	3	2
3	9	4	8	7	2	1	6	5
9	7	8	2	6	5	4	1	3
4	3	1	7	8	9	5	2	6
6	5	2	3	4	1	9	8	7
7	8	3	4	9	6	2	5	1
2	1	9	5	3	8	6	7	4
5	4	6	1	2	7	3	9	8

Fácil – 24

2	9	6	7	3	1	4	5	8
4	3	7	9	5	8	1	6	2
5	8	1	4	2	6	7	3	9
8	5	4	6	9	2	3	7	1
7	1	9	3	8	5	6	2	4
6	2	3	1	4	7	9	8	5
3	6	8	5	1	9	2	4	7
1	7	2	8	6	4	5	9	3
9	4	5	2	7	3	8	1	6

Fácil – 25

6	7	3	8	9	4	1	2	5
4	9	1	3	2	5	7	6	8
5	8	2	1	7	6	3	9	4
3	2	7	5	8	1	9	4	6
9	5	6	4	3	2	8	7	1
8	1	4	7	6	9	5	3	2
7	4	9	2	5	8	6	1	3
2	6	5	9	1	3	4	8	7
1	3	8	6	4	7	2	5	9

Fácil – 26

8	3	2	6	9	7	5	1	4
5	1	7	2	4	8	6	9	3
9	6	4	1	5	3	8	2	7
2	9	1	4	8	5	7	3	6
6	4	3	7	1	2	9	5	8
7	8	5	3	6	9	1	4	2
3	2	6	9	7	1	4	8	5
1	7	8	5	2	4	3	6	9
4	5	9	8	3	6	2	7	1

Fácil – 27

7	3	6	2	1	8	9	4	5
9	5	1	3	7	4	8	2	6
2	8	4	9	5	6	1	3	7
8	2	3	1	4	7	5	6	9
5	4	7	6	9	2	3	8	1
1	6	9	8	3	5	4	7	2
6	7	5	4	8	9	2	1	3
3	9	8	7	2	1	6	5	4
4	1	2	5	6	3	7	9	8

Fácil – 28

6	8	2	1	3	9	4	5	7
5	4	1	6	7	2	8	9	3
9	7	3	4	5	8	1	2	6
7	1	9	5	2	3	6	8	4
4	3	5	8	6	1	9	7	2
2	6	8	9	4	7	3	1	5
1	5	6	2	8	4	7	3	9
3	9	4	7	1	5	2	6	8
8	2	7	3	9	6	5	4	1

Fácil – 29

2	6	3	1	4	8	5	7	9
8	5	9	2	3	7	1	4	6
7	1	4	5	9	6	8	2	3
4	9	5	8	1	3	7	6	2
3	8	2	6	7	9	4	1	5
6	7	1	4	2	5	3	9	8
9	2	8	7	5	1	6	3	4
5	4	7	3	6	2	9	8	1
1	3	6	9	8	4	2	5	7

Fácil – 30

6	5	1	3	4	2	7	9	8
4	2	3	8	9	7	6	5	1
9	8	7	1	5	6	4	3	2
1	6	5	9	2	8	3	7	4
3	4	2	7	1	5	9	8	6
7	9	8	4	6	3	2	1	5
5	3	9	6	8	4	1	2	7
8	1	4	2	7	9	5	6	3
2	7	6	5	3	1	8	4	9

Fácil – 31

2	3	1	4	6	8	5	7	9
8	4	5	9	3	7	1	2	6
6	9	7	2	5	1	3	4	8
4	6	8	1	7	5	2	9	3
1	2	9	8	4	3	7	6	5
5	7	3	6	9	2	4	8	1
7	8	2	5	1	9	6	3	4
3	1	6	7	8	4	9	5	2
9	5	4	3	2	6	8	1	7

Fácil – 32

8	6	2	1	4	3	9	7	5
7	4	9	6	5	2	1	3	8
3	1	5	7	8	9	6	2	4
6	3	4	2	7	1	8	5	9
5	7	1	3	9	8	4	6	2
9	2	8	5	6	4	3	1	7
4	5	7	9	1	6	2	8	3
2	9	6	8	3	7	5	4	1
1	8	3	4	2	5	7	9	6

Fácil – 33

6	5	2	1	4	8	3	7	9
8	4	3	7	9	5	2	6	1
1	9	7	3	2	6	4	8	5
9	3	6	4	8	2	1	5	7
5	7	4	9	1	3	6	2	8
2	1	8	5	6	7	9	3	4
7	6	9	2	5	4	8	1	3
3	2	1	8	7	9	5	4	6
4	8	5	6	3	1	7	9	2

Fácil – 34

4	6	9	1	5	3	2	8	7
5	1	8	7	2	4	9	3	6
7	2	3	9	6	8	5	4	1
9	3	6	8	4	5	1	7	2
2	5	1	6	3	7	8	9	4
8	7	4	2	9	1	6	5	3
3	9	5	4	1	6	7	2	8
1	8	2	3	7	9	4	6	5
6	4	7	5	8	2	3	1	9

Fácil – 35

8	5	7	3	1	6	2	4	9
6	4	9	5	2	7	1	3	8
2	1	3	9	8	4	6	7	5
1	9	5	4	6	8	3	2	7
3	2	4	7	5	1	8	9	6
7	8	6	2	3	9	5	1	4
9	3	2	6	4	5	7	8	1
5	7	1	8	9	3	4	6	2
4	6	8	1	7	2	9	5	3

Fácil – 36

5	4	8	9	3	2	7	1	6
7	3	9	6	5	1	8	4	2
2	6	1	4	7	8	5	9	3
8	7	2	3	6	9	1	5	4
3	1	4	2	8	5	6	7	9
9	5	6	1	4	7	2	3	8
1	9	3	7	2	6	4	8	5
6	8	7	5	9	4	3	2	1
4	2	5	8	1	3	9	6	7

Fácil – 37

9	6	2	8	4	5	7	3	1
8	1	4	3	7	6	9	2	5
3	5	7	9	2	1	6	8	4
5	7	1	2	8	9	3	4	6
2	9	8	4	6	3	5	1	7
6	4	3	5	1	7	8	9	2
1	8	9	6	5	4	2	7	3
4	2	6	7	3	8	1	5	9
7	3	5	1	9	2	4	6	8

Fácil – 38

8	2	1	5	9	4	6	7	3
6	3	5	2	1	7	4	8	9
4	7	9	8	3	6	5	1	2
3	1	7	6	2	8	9	5	4
5	6	2	9	4	1	8	3	7
9	8	4	7	5	3	2	6	1
1	5	3	4	6	9	7	2	8
7	4	6	1	8	2	3	9	5
2	9	8	3	7	5	1	4	6

Fácil – 39

9	4	5	1	6	2	3	8	7
3	1	6	9	7	8	2	4	5
2	7	8	4	5	3	9	1	6
6	5	4	8	2	1	7	9	3
8	3	9	5	4	7	6	2	1
1	2	7	3	9	6	4	5	8
4	9	1	6	3	5	8	7	2
5	6	2	7	8	4	1	3	9
7	8	3	2	1	9	5	6	4

Fácil – 40

4	6	2	9	7	1	8	5	3
9	3	7	8	5	4	6	2	1
1	5	8	6	3	2	4	7	9
7	2	4	1	6	8	3	9	5
3	9	1	4	2	5	7	8	6
6	8	5	3	9	7	2	1	4
2	4	9	7	1	6	5	3	8
8	7	3	5	4	9	1	6	2
5	1	6	2	8	3	9	4	7

Fácil – 41

7	9	4	6	8	2	5	1	3
2	5	8	3	1	4	9	6	7
6	1	3	9	7	5	2	4	8
8	4	6	1	9	7	3	2	5
3	2	1	8	5	6	7	9	4
9	7	5	4	2	3	6	8	1
5	8	2	7	6	1	4	3	9
4	6	9	5	3	8	1	7	2
1	3	7	2	4	9	8	5	6

Fácil – 42

4	5	3	2	8	1	6	9	7
1	6	7	3	9	5	8	4	2
2	9	8	6	7	4	1	3	5
5	8	9	7	2	3	4	1	6
6	3	1	5	4	8	7	2	9
7	4	2	1	6	9	5	8	3
8	7	4	9	5	2	3	6	1
3	2	6	8	1	7	9	5	4
9	1	5	4	3	6	2	7	8

Fácil – 43

7	6	9	5	1	2	8	3	4
4	5	2	8	9	3	6	1	7
1	3	8	7	4	6	9	2	5
9	2	4	1	8	7	3	5	6
8	1	6	3	5	4	7	9	2
3	7	5	6	2	9	4	8	1
6	8	7	2	3	5	1	4	9
5	9	1	4	7	8	2	6	3
2	4	3	9	6	1	5	7	8

Fácil – 44

1	2	5	3	7	4	8	6	9
9	6	4	8	5	1	3	7	2
7	8	3	2	9	6	1	5	4
6	3	7	5	2	9	4	1	8
4	1	2	6	3	8	5	9	7
5	9	8	1	4	7	2	3	6
8	5	6	9	1	2	7	4	3
3	7	9	4	8	5	6	2	1
2	4	1	7	6	3	9	8	5

Fácil – 45

6	2	9	3	4	5	1	8	7
7	5	1	8	9	6	3	2	4
3	8	4	1	2	7	6	5	9
1	9	7	4	5	2	8	3	6
5	6	8	9	7	3	4	1	2
4	3	2	6	8	1	9	7	5
8	7	6	5	3	4	2	9	1
2	4	3	7	1	9	5	6	8
9	1	5	2	6	8	7	4	3

Fácil – 46

3	2	8	7	1	6	9	4	5
5	6	4	2	9	3	7	8	1
7	9	1	4	5	8	3	2	6
6	7	3	8	4	2	1	5	9
8	5	2	1	3	9	6	7	4
1	4	9	5	6	7	2	3	8
2	1	5	9	7	4	8	6	3
4	3	7	6	8	1	5	9	2
9	8	6	3	2	5	4	1	7

Fácil – 47

1	7	8	5	2	9	3	4	6
6	2	5	1	4	3	8	7	9
4	9	3	8	6	7	1	5	2
8	6	2	7	5	1	4	9	3
5	4	1	9	3	6	2	8	7
9	3	7	4	8	2	6	1	5
3	8	4	2	7	5	9	6	1
2	5	9	6	1	4	7	3	8
7	1	6	3	9	8	5	2	4

Fácil – 48

1	9	5	7	8	2	6	3	4
7	2	3	4	9	6	1	8	5
4	8	6	3	1	5	9	7	2
8	5	2	6	7	3	4	9	1
9	3	7	2	4	1	8	5	6
6	4	1	9	5	8	7	2	3
2	1	8	5	6	7	3	4	9
3	7	4	1	2	9	5	6	8
5	6	9	8	3	4	2	1	7

Fácil - 49

5	9	7	6	8	1	4	2	3
4	2	6	3	5	7	9	1	8
1	3	8	4	2	9	6	5	7
7	4	1	8	3	2	5	6	9
2	5	3	9	6	4	7	8	1
8	6	9	1	7	5	3	4	2
9	8	2	5	4	3	1	7	6
6	1	4	7	9	8	2	3	5
3	7	5	2	1	6	8	9	4

Fácil - 50

5	7	9	3	1	8	6	2	4
6	3	4	7	9	2	8	5	1
1	2	8	5	4	6	7	9	3
7	6	1	4	8	9	5	3	2
4	5	2	1	3	7	9	8	6
8	9	3	6	2	5	4	1	7
2	4	5	9	7	1	3	6	8
9	1	7	8	6	3	2	4	5
3	8	6	2	5	4	1	7	9

Fácil - 51

7	6	8	2	3	9	1	4	5
1	2	3	4	5	7	8	9	6
9	4	5	6	8	1	2	7	3
3	1	7	8	9	5	6	2	4
5	8	2	3	4	6	9	1	7
4	9	6	7	1	2	3	5	8
8	3	1	9	7	4	5	6	2
6	5	4	1	2	3	7	8	9
2	7	9	5	6	8	4	3	1

Fácil - 52

3	9	2	7	1	6	5	4	8
7	6	5	8	2	4	9	3	1
4	8	1	5	3	9	2	6	7
6	2	3	4	9	1	8	7	5
1	7	4	2	8	5	3	9	6
8	5	9	6	7	3	4	1	2
5	1	8	3	4	7	6	2	9
9	4	6	1	5	2	7	8	3
2	3	7	9	6	8	1	5	4

Fácil - 53

9	3	5	1	2	6	7	4	8
2	4	8	9	5	7	3	6	1
6	1	7	4	8	3	9	2	5
7	5	1	3	4	2	8	9	6
8	6	3	5	9	1	4	7	2
4	9	2	6	7	8	5	1	3
3	2	4	7	6	5	1	8	9
1	7	6	8	3	9	2	5	4
5	8	9	2	1	4	6	3	7

Fácil - 54

9	3	4	5	8	1	7	6	2
2	7	5	3	6	9	8	1	4
1	8	6	2	7	4	9	5	3
4	6	1	8	9	7	2	3	5
7	2	9	4	5	3	1	8	6
3	5	8	6	1	2	4	9	7
6	1	2	7	3	8	5	4	9
5	9	7	1	4	6	3	2	8
8	4	3	9	2	5	6	7	1

Fácil - 55

9	8	3	2	1	5	7	4	6
2	5	6	7	4	9	8	3	1
7	4	1	8	3	6	5	9	2
6	3	2	9	8	7	1	5	4
8	1	9	6	5	4	2	7	3
5	7	4	3	2	1	9	6	8
3	6	5	1	9	8	4	2	7
4	2	8	5	7	3	6	1	9
1	9	7	4	6	2	3	8	5

Fácil - 56

4	7	1	5	6	2	9	8	3
5	8	2	9	3	1	7	6	4
3	9	6	8	7	4	5	1	2
7	4	9	6	8	5	2	3	1
6	3	5	1	2	7	8	4	9
1	2	8	3	4	9	6	7	5
9	5	7	4	1	6	3	2	8
8	6	4	2	9	3	1	5	7
2	1	3	7	5	8	4	9	6

Fácil - 57

4	1	2	7	5	3	6	8	9
5	9	7	1	8	6	4	3	2
8	3	6	9	2	4	7	1	5
3	2	5	6	7	1	9	4	8
9	7	8	5	4	2	1	6	3
1	6	4	8	3	9	5	2	7
6	5	3	4	9	8	2	7	1
2	4	9	3	1	7	8	5	6
7	8	1	2	6	5	3	9	4

Fácil - 58

7	6	8	4	3	2	9	1	5
3	1	9	5	6	7	4	8	2
4	2	5	9	1	8	7	6	3
6	3	4	1	2	5	8	7	9
2	9	1	7	8	4	5	3	6
8	5	7	3	9	6	1	2	4
9	7	6	8	5	3	2	4	1
5	4	3	2	7	1	6	9	8
1	8	2	6	4	9	3	5	7

Fácil - 59

3	4	7	5	9	1	6	8	2
8	1	2	6	3	7	4	5	9
6	5	9	8	4	2	1	7	3
1	2	3	9	6	8	5	4	7
9	8	4	3	7	5	2	6	1
5	7	6	2	1	4	3	9	8
2	3	5	7	8	6	9	1	4
4	6	8	1	2	9	7	3	5
7	9	1	4	5	3	8	2	6

Fácil - 60

6	9	1	2	3	4	8	5	7
2	7	4	1	5	8	6	3	9
8	5	3	6	9	7	1	4	2
3	6	8	4	1	9	2	7	5
4	2	9	8	7	5	3	6	1
5	1	7	3	2	6	4	9	8
9	4	6	5	8	1	7	2	3
1	3	5	7	4	2	9	8	6
7	8	2	9	6	3	5	1	4

Fácil – 61

2	9	3	6	1	4	8	7	5
6	4	7	8	9	5	2	3	1
1	8	5	7	3	2	9	6	4
9	6	2	1	5	3	7	4	8
7	3	1	4	2	8	6	5	9
4	5	8	9	7	6	1	2	3
5	7	6	3	8	1	4	9	2
8	2	9	5	4	7	3	1	6
3	1	4	2	6	9	5	8	7

Fácil – 62

5	2	7	4	8	3	1	6	9
3	9	6	5	1	2	7	8	4
4	1	8	7	6	9	2	3	5
7	3	5	2	9	1	8	4	6
6	4	1	8	5	7	9	2	3
9	8	2	3	4	6	5	1	7
1	7	9	6	2	4	3	5	8
2	5	4	9	3	8	6	7	1
8	6	3	1	7	5	4	9	2

Fácil – 63

1	2	4	7	8	5	3	9	6
9	8	7	3	2	6	4	5	1
3	5	6	9	1	4	8	2	7
8	4	9	2	5	7	1	6	3
6	1	3	4	9	8	2	7	5
5	7	2	6	3	1	9	4	8
2	3	5	1	6	9	7	8	4
7	9	8	5	4	3	6	1	2
4	6	1	8	7	2	5	3	9

Fácil – 64

7	4	6	1	3	2	9	5	8
9	2	8	4	5	6	7	1	3
1	5	3	7	9	8	2	6	4
6	1	9	8	2	5	4	3	7
2	7	5	3	4	1	6	8	9
8	3	4	9	6	7	1	2	5
5	8	7	2	1	4	3	9	6
3	6	2	5	7	9	8	4	1
4	9	1	6	8	3	5	7	2

Fácil – 65

5	8	4	2	7	3	9	6	1
1	7	3	8	6	9	2	5	4
2	6	9	1	5	4	7	8	3
6	2	7	9	3	8	1	4	5
8	9	5	7	4	1	3	2	6
3	4	1	6	2	5	8	7	9
7	5	8	3	1	6	4	9	2
9	3	6	4	8	2	5	1	7
4	1	2	5	9	7	6	3	8

Fácil – 66

5	3	7	8	9	2	6	1	4
4	6	9	3	1	5	7	2	8
1	2	8	7	6	4	5	3	9
8	4	2	6	5	9	3	7	1
3	1	6	2	7	8	4	9	5
7	9	5	1	4	3	8	6	2
9	5	1	4	3	6	2	8	7
2	7	3	5	8	1	9	4	6
6	8	4	9	2	7	1	5	3

Fácil – 67

2	4	1	8	7	6	9	5	3
5	3	7	1	9	4	2	6	8
6	9	8	2	3	5	4	7	1
7	2	6	3	1	8	5	9	4
3	5	9	4	2	7	1	8	6
8	1	4	6	5	9	7	3	2
9	6	2	7	4	3	8	1	5
1	8	5	9	6	2	3	4	7
4	7	3	5	8	1	6	2	9

Fácil – 68

3	1	8	2	9	4	6	7	5
5	7	2	1	6	8	9	4	3
9	6	4	3	5	7	8	1	2
8	2	7	6	4	1	3	5	9
1	5	9	8	3	2	4	6	7
6	4	3	5	7	9	1	2	8
2	8	6	7	1	3	5	9	4
7	9	1	4	8	5	2	3	6
4	3	5	9	2	6	7	8	1

Fácil – 69

6	9	5	7	4	1	3	2	8
2	8	4	6	9	3	7	5	1
1	3	7	2	5	8	6	4	9
3	7	1	5	2	9	4	8	6
9	6	2	8	1	4	5	7	3
4	5	8	3	6	7	9	1	2
7	2	3	4	8	6	1	9	5
5	1	6	9	7	2	8	3	4
8	4	9	1	3	5	2	6	7

Fácil – 70

3	9	6	2	7	1	5	4	8
4	2	5	6	9	8	1	7	3
1	8	7	5	3	4	9	2	6
7	4	3	8	5	2	6	9	1
8	5	1	4	6	9	7	3	2
2	6	9	3	1	7	8	5	4
6	7	4	1	2	5	3	8	9
5	3	2	9	8	6	4	1	7
9	1	8	7	4	3	2	6	5

Fácil – 71

7	4	1	9	3	6	2	8	5
2	3	6	5	8	4	7	9	1
9	5	8	2	1	7	6	4	3
6	1	5	3	4	9	8	2	7
3	7	9	8	2	1	4	5	6
8	2	4	6	7	5	3	1	9
5	8	7	4	9	3	1	6	2
1	6	2	7	5	8	9	3	4
4	9	3	1	6	2	5	7	8

Fácil – 72

3	5	6	1	9	7	8	4	2
4	2	9	3	8	6	1	5	7
7	8	1	2	4	5	3	6	9
9	6	7	5	2	1	4	3	8
2	3	8	7	6	4	5	9	1
5	1	4	8	3	9	2	7	6
8	7	5	9	1	3	6	2	4
6	9	2	4	5	8	7	1	3
1	4	3	6	7	2	9	8	5

Fácil – 73

7	6	3	8	9	4	5	1	2
8	2	5	1	7	3	4	9	6
9	1	4	5	2	6	3	8	7
5	7	1	6	8	2	9	3	4
3	9	8	4	5	7	6	2	1
2	4	6	9	3	1	8	7	5
6	8	2	3	1	5	7	4	9
4	3	7	2	6	9	1	5	8
1	5	9	7	4	8	2	6	3

Fácil – 74

7	4	6	8	1	5	2	3	9
3	1	2	4	7	9	6	8	5
9	5	8	3	6	2	7	1	4
1	3	9	2	5	4	8	6	7
5	6	4	7	8	3	9	2	1
8	2	7	1	9	6	5	4	3
4	8	5	6	3	7	1	9	2
6	7	3	9	2	1	4	5	8
2	9	1	5	4	8	3	7	6

Fácil – 75

5	3	1	6	7	9	4	2	8
2	6	9	8	3	4	5	1	7
8	7	4	2	5	1	3	6	9
1	9	6	7	4	2	8	3	5
7	2	5	3	8	6	1	9	4
3	4	8	1	9	5	2	7	6
9	5	3	4	1	7	6	8	2
6	8	7	5	2	3	9	4	1
4	1	2	9	6	8	7	5	3

Fácil – 76

8	2	6	4	9	5	7	1	3
9	5	1	8	7	3	4	6	2
3	7	4	6	2	1	8	5	9
4	6	5	2	1	7	3	9	8
1	3	8	5	4	9	2	7	6
7	9	2	3	8	6	5	4	1
2	1	3	7	6	4	9	8	5
5	4	9	1	3	8	6	2	7
6	8	7	9	5	2	1	3	4

Fácil – 77

6	4	5	8	3	7	9	2	1
3	2	7	6	1	9	8	4	5
8	9	1	2	5	4	7	3	6
9	7	2	4	6	1	3	5	8
1	8	3	9	2	5	6	7	4
5	6	4	7	8	3	2	1	9
2	1	6	5	7	8	4	9	3
7	5	9	3	4	6	1	8	2
4	3	8	1	9	2	5	6	7

Fácil – 78

6	4	1	5	9	2	3	8	7
5	2	8	7	1	3	4	6	9
3	7	9	4	8	6	1	5	2
9	8	6	2	3	5	7	1	4
7	5	3	1	4	9	8	2	6
2	1	4	8	6	7	9	3	5
8	3	2	9	5	4	6	7	1
1	9	5	6	7	8	2	4	3
4	6	7	3	2	1	5	9	8

Fácil – 79

7	8	2	4	3	5	1	9	6
1	6	4	2	7	9	5	8	3
9	5	3	8	1	6	2	7	4
8	9	7	3	4	2	6	5	1
2	1	6	5	8	7	4	3	9
4	3	5	9	6	1	7	2	8
6	2	1	7	9	8	3	4	5
5	4	8	1	2	3	9	6	7
3	7	9	6	5	4	8	1	2

Fácil – 80

1	6	3	2	9	7	5	4	8
2	5	7	8	4	3	1	9	6
8	4	9	1	6	5	2	3	7
4	3	6	7	5	1	9	8	2
7	1	2	9	3	8	4	6	5
9	8	5	6	2	4	3	7	1
5	7	4	3	8	2	6	1	9
6	2	8	4	1	9	7	5	3
3	9	1	5	7	6	8	2	4

Fácil – 81

5	4	2	7	3	6	1	9	8
6	1	7	5	8	9	2	3	4
8	9	3	1	4	2	6	5	7
9	3	6	2	5	7	4	8	1
2	7	8	4	1	3	9	6	5
1	5	4	9	6	8	7	2	3
4	6	5	3	9	1	8	7	2
7	8	1	6	2	5	3	4	9
3	2	9	8	7	4	5	1	6

Fácil – 82

1	7	6	5	9	8	4	2	3
9	8	2	6	3	4	5	7	1
4	5	3	1	2	7	9	6	8
7	3	5	8	6	9	1	4	2
8	1	4	3	5	2	6	9	7
6	2	9	7	4	1	8	3	5
2	6	1	9	7	5	3	8	4
5	9	7	4	8	3	2	1	6
3	4	8	2	1	6	7	5	9

Fácil – 83

9	7	8	3	6	1	5	2	4
6	5	4	7	2	9	8	1	3
2	1	3	5	8	4	6	9	7
3	8	7	1	5	2	4	6	9
1	4	9	6	3	7	2	8	5
5	2	6	4	9	8	7	3	1
7	6	1	2	4	3	9	5	8
8	3	5	9	7	6	1	4	2
4	9	2	8	1	5	3	7	6

Fácil – 84

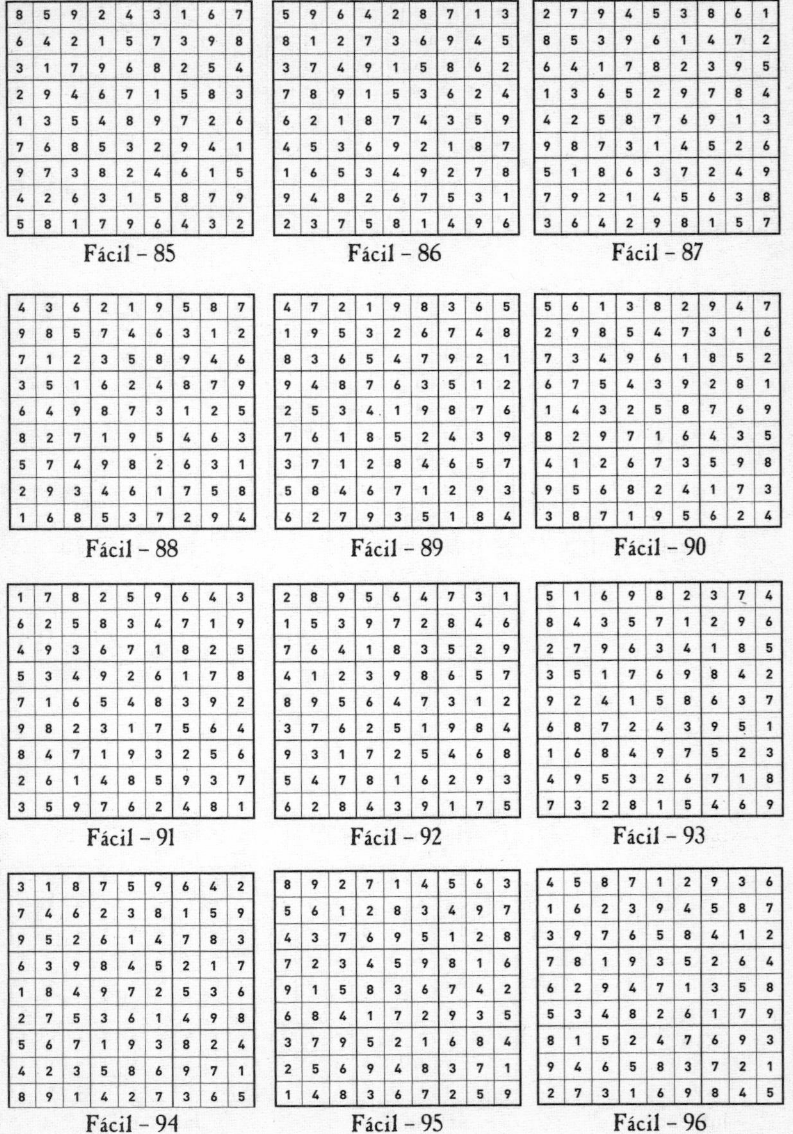

8	5	9	2	4	3	1	6	7
6	4	2	1	5	7	3	9	8
3	1	7	9	6	8	2	5	4
2	9	4	6	7	1	5	8	3
1	3	5	4	8	9	7	2	6
7	6	8	5	3	2	9	4	1
9	7	3	8	2	4	6	1	5
4	2	6	3	1	5	8	7	9
5	8	1	7	9	6	4	3	2

Fácil - 85

5	9	6	4	2	8	7	1	3
8	1	2	7	3	6	9	4	5
3	7	4	9	1	5	8	6	2
7	8	9	1	5	3	6	2	4
6	2	1	8	7	4	3	5	9
4	5	3	6	9	2	1	8	7
1	6	5	3	4	9	2	7	8
9	4	8	2	6	7	5	3	1
2	3	7	5	8	1	4	9	6

Fácil - 86

2	7	9	4	5	3	8	6	1
8	5	3	9	6	1	4	7	2
6	4	1	7	8	2	3	9	5
1	3	6	5	2	9	7	8	4
4	2	5	8	7	6	9	1	3
9	8	7	3	1	4	5	2	6
5	1	8	6	3	7	2	4	9
7	9	2	1	4	5	6	3	8
3	6	4	2	9	8	1	5	7

Fácil - 87

4	3	6	2	1	9	5	8	7
9	8	5	7	4	6	3	1	2
7	1	2	3	5	8	9	4	6
3	5	1	6	2	4	8	7	9
6	4	9	8	7	3	1	2	5
8	2	7	1	9	5	4	6	3
5	7	4	9	8	2	6	3	1
2	9	3	4	6	1	7	5	8
1	6	8	5	3	7	2	9	4

Fácil - 88

4	7	2	1	9	8	3	6	5
1	9	5	3	2	6	7	4	8
8	3	6	5	4	7	9	2	1
9	4	8	7	6	3	5	1	2
2	5	3	4	1	9	8	7	6
7	6	1	8	5	2	4	3	9
3	7	1	2	8	4	6	5	7
5	8	4	6	7	1	2	9	3
6	2	7	9	3	5	1	8	4

Fácil - 89

5	6	1	3	8	2	9	4	7
2	9	8	5	4	7	3	1	6
7	3	4	9	6	1	8	5	2
6	7	5	4	3	9	2	8	1
1	4	3	2	5	8	7	6	9
8	2	9	7	1	6	4	3	5
4	1	2	6	7	3	5	9	8
9	5	6	8	2	4	1	7	3
3	8	7	1	9	5	6	2	4

Fácil - 90

1	7	8	2	5	9	6	4	3
6	2	5	8	3	4	7	1	9
4	9	3	6	7	1	8	2	5
5	3	4	9	2	6	1	7	8
7	1	6	5	4	8	3	9	2
9	8	2	3	1	7	5	6	4
8	4	7	1	9	3	2	5	6
2	6	1	4	8	5	9	3	7
3	5	9	7	6	2	4	8	1

Fácil - 91

2	8	9	5	6	4	7	3	1
1	5	3	9	7	2	8	4	6
7	6	4	1	8	3	5	2	9
4	1	2	3	9	8	6	5	7
8	9	5	6	4	7	3	1	2
3	7	6	2	5	1	9	8	4
9	3	1	7	2	5	4	6	8
5	4	7	8	1	6	2	9	3
6	2	8	4	3	9	1	7	5

Fácil - 92

5	1	6	9	8	2	3	7	4
8	4	3	5	7	1	2	9	6
2	7	9	6	3	4	1	8	5
3	5	1	7	6	9	8	4	2
9	2	4	1	5	8	6	3	7
6	8	7	2	4	3	9	5	1
1	6	8	4	9	7	5	2	3
4	9	5	3	2	6	7	1	8
7	3	2	8	1	5	4	6	9

Fácil - 93

3	1	8	7	5	9	6	4	2
7	4	6	2	3	8	1	5	9
9	5	2	6	1	4	7	8	3
6	3	9	8	4	5	2	1	7
1	8	4	9	7	2	5	3	6
2	7	5	3	6	1	4	9	8
5	6	7	1	9	3	8	2	4
4	2	3	5	8	6	9	7	1
8	9	1	4	2	7	3	6	5

Fácil - 94

8	9	2	7	1	4	5	6	3
5	6	1	2	8	3	4	9	7
4	3	7	6	9	5	1	2	8
7	2	3	4	5	9	8	1	6
9	1	5	8	3	6	7	4	2
6	8	4	1	7	2	9	3	5
3	7	9	5	2	1	6	8	4
2	5	6	9	4	8	3	7	1
1	4	8	3	6	7	2	5	9

Fácil - 95

4	5	8	7	1	2	9	3	6
1	6	2	3	9	4	5	8	7
3	9	7	6	5	8	4	1	2
7	8	1	9	3	5	2	6	4
6	2	9	4	7	1	3	5	8
5	3	4	8	2	6	1	7	9
8	1	5	2	4	7	6	9	3
9	4	6	5	8	3	7	2	1
2	7	3	1	6	9	8	4	5

Fácil - 96

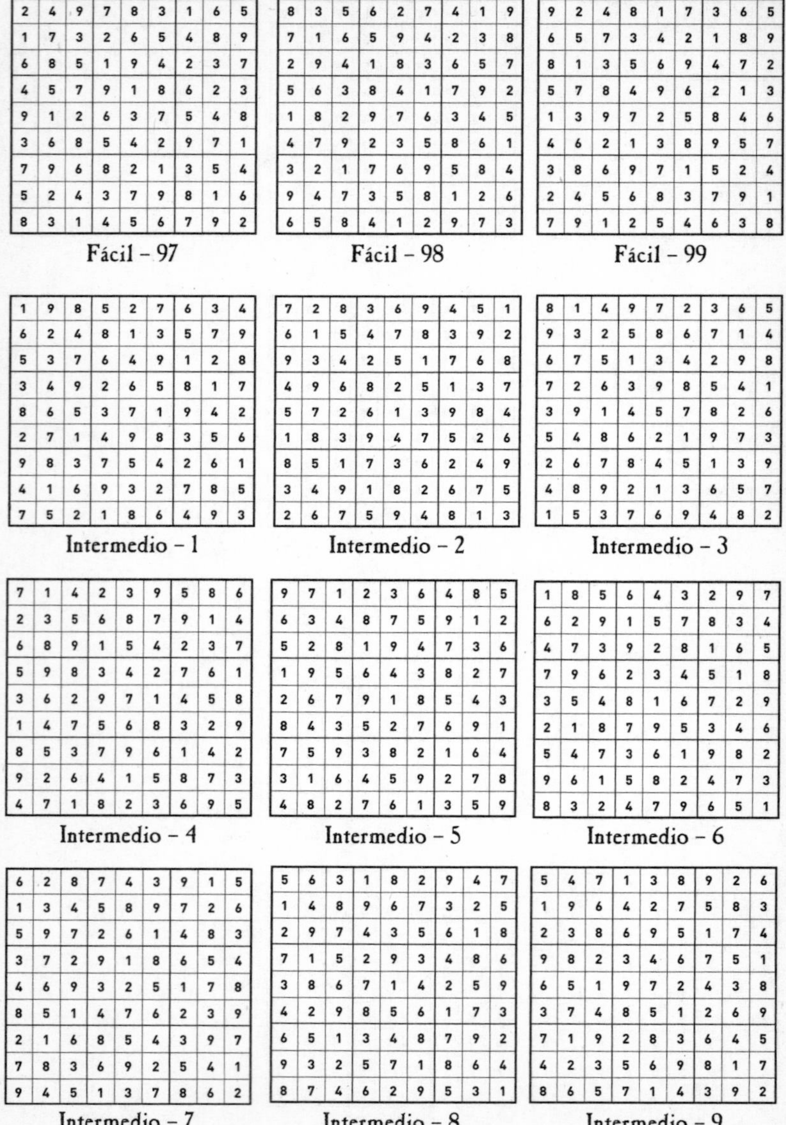

2	4	9	7	8	3	1	6	5
1	7	3	2	6	5	4	8	9
6	8	5	1	9	4	2	3	7
4	5	7	9	1	8	6	2	3
9	1	2	6	3	7	5	4	8
3	6	8	5	4	2	9	7	1
7	9	6	8	2	1	3	5	4
5	2	4	3	7	9	8	1	6
8	3	1	4	5	6	7	9	2

Fácil - 97

8	3	5	6	2	7	4	1	9
7	1	6	5	9	4	2	3	8
2	9	4	1	8	3	6	5	7
5	6	3	8	4	1	7	9	2
1	8	2	9	7	6	3	4	5
4	7	9	2	3	5	8	6	1
3	2	1	7	6	9	5	8	4
9	4	7	3	5	8	1	2	6
6	5	8	4	1	2	9	7	3

Fácil - 98

9	2	4	8	1	7	3	6	5
6	5	7	3	4	2	1	8	9
8	1	3	5	6	9	4	7	2
5	7	8	4	9	6	2	1	3
1	3	9	7	2	5	8	4	6
4	6	2	1	3	8	9	5	7
3	8	6	9	7	1	5	2	4
2	4	5	6	8	3	7	9	1
7	9	1	2	5	4	6	3	8

Fácil - 99

1	9	8	5	2	7	6	3	4
6	2	4	8	1	3	5	7	9
5	3	7	6	4	9	1	2	8
3	4	9	2	6	5	8	1	7
8	6	5	3	7	1	9	4	2
2	7	1	4	9	8	3	5	6
9	8	3	7	5	4	2	6	1
4	1	6	9	3	2	7	8	5
7	5	2	1	8	6	4	9	3

Intermedio - 1

7	2	8	3	6	9	4	5	1
6	1	5	4	7	8	3	9	2
9	3	4	2	5	1	7	6	8
4	9	6	8	2	5	1	3	7
5	7	2	6	1	3	9	8	4
1	8	3	9	4	7	5	2	6
8	5	1	7	3	6	2	4	9
3	4	9	1	8	2	6	7	5
2	6	7	5	9	4	8	1	3

Intermedio - 2

8	1	4	9	7	2	3	6	5
9	3	2	5	8	6	7	1	4
6	7	5	1	3	4	2	9	8
7	2	6	3	9	8	5	4	1
3	9	1	4	5	7	8	2	6
5	4	8	6	2	1	9	7	3
2	6	7	8	4	5	1	3	9
4	8	9	2	1	3	6	5	7
1	5	3	7	6	9	4	8	2

Intermedio - 3

7	1	4	2	3	9	5	8	6
2	3	5	6	8	7	9	1	4
6	8	9	1	5	4	2	3	7
5	9	8	3	4	2	7	6	1
3	6	2	9	7	1	4	5	8
1	4	7	5	6	8	3	2	9
8	5	3	7	9	6	1	4	2
9	2	6	4	1	5	8	7	3
4	7	1	8	2	3	6	9	5

Intermedio - 4

9	7	1	2	3	6	4	8	5
6	3	4	8	7	5	9	1	2
5	2	8	1	9	4	7	3	6
1	9	5	6	4	3	8	2	7
2	6	7	9	1	8	5	4	3
8	4	3	5	2	7	6	9	1
7	5	9	3	8	2	1	6	4
3	1	6	4	5	9	2	7	8
4	8	2	7	6	1	3	5	9

Intermedio - 5

1	8	5	6	4	3	2	9	7
6	2	9	1	5	7	8	3	4
4	7	3	9	2	8	1	6	5
7	9	6	2	3	4	5	1	8
3	5	4	8	1	6	7	2	9
2	1	8	7	9	5	3	4	6
5	4	7	3	6	1	9	8	2
9	6	1	5	8	2	4	7	3
8	3	2	4	7	9	6	5	1

Intermedio - 6

6	2	8	7	4	3	9	1	5
1	3	4	5	8	9	7	2	6
5	9	7	2	6	1	4	8	3
3	7	2	9	1	8	6	5	4
4	6	9	3	2	5	1	7	8
8	5	1	4	7	6	2	3	9
2	1	6	8	5	4	3	9	7
7	8	3	6	9	2	5	4	1
9	4	5	1	3	7	8	6	2

Intermedio - 7

5	6	3	1	8	2	9	4	7
1	4	8	9	6	7	3	2	5
2	9	7	4	3	5	6	1	8
7	1	5	2	9	3	4	8	6
3	8	6	7	1	4	2	5	9
4	2	9	8	5	6	1	7	3
6	5	1	3	4	8	7	9	2
9	3	2	5	7	1	8	6	4
8	7	4	6	2	9	5	3	1

Intermedio - 8

5	4	7	1	3	8	9	2	6
1	9	6	4	2	7	5	8	3
2	3	8	6	9	5	1	7	4
9	8	2	3	4	6	7	5	1
6	5	1	9	7	2	4	3	8
3	7	4	8	5	1	2	6	9
7	1	9	2	8	3	6	4	5
4	2	3	5	6	9	8	1	7
8	6	5	7	1	4	3	9	2

Intermedio - 9

3	4	1	2	6	8	9	7	5
7	5	8	3	4	9	1	2	6
2	6	9	7	5	1	3	4	8
9	3	6	5	2	4	7	8	1
5	1	4	9	8	7	2	6	3
8	2	7	1	3	6	4	5	9
6	9	2	8	7	3	5	1	4
1	8	5	4	9	2	6	3	7
4	7	3	6	1	5	8	9	2

Intermedio – 10

6	1	7	5	3	2	8	9	4
8	3	4	9	1	7	6	5	2
5	9	2	8	6	4	7	3	1
7	8	5	6	4	3	2	1	9
9	4	3	1	2	8	5	6	7
1	2	6	7	9	5	3	4	8
3	5	1	2	8	9	4	7	6
4	6	8	3	7	1	9	2	5
2	7	9	4	5	6	1	8	3

Intermedio – 11

6	7	3	1	9	2	5	4	8
2	4	9	8	5	6	3	1	7
5	1	8	3	7	4	2	6	9
1	3	6	7	4	8	9	2	5
4	8	5	9	2	3	6	7	1
7	9	2	6	1	5	4	8	3
3	5	4	2	8	1	7	9	6
8	6	7	4	3	9	1	5	2
9	2	1	5	6	7	8	3	4

Intermedio – 12

5	4	8	3	1	9	2	7	6
1	3	2	7	6	5	9	8	4
9	7	6	2	4	8	1	3	5
7	6	4	1	8	3	5	9	2
3	9	1	5	2	4	8	6	7
2	8	5	9	7	6	4	1	3
8	5	3	4	9	7	6	2	1
6	2	7	8	5	1	3	4	9
4	1	9	6	3	2	7	5	8

Intermedio – 13

4	7	8	3	1	5	9	6	2
2	5	9	7	8	6	3	1	4
6	3	1	2	4	9	8	7	5
8	9	7	4	3	1	5	2	6
3	1	6	9	5	2	7	4	8
5	4	2	6	7	8	1	3	9
9	6	5	1	2	7	4	8	3
1	8	4	5	6	3	2	9	7
7	2	3	8	9	4	6	5	1

Intermedio – 14

8	2	3	7	1	4	5	6	9
4	5	9	6	8	3	7	2	1
6	1	7	2	5	9	4	8	3
7	8	1	5	3	2	9	4	6
9	4	2	1	6	7	3	5	8
5	3	6	4	9	8	2	1	7
3	6	4	9	2	1	8	7	5
2	9	5	8	7	6	1	3	4
1	7	8	3	4	5	6	9	2

Intermedio – 15

8	1	5	7	3	2	4	9	6
9	7	4	1	6	8	3	2	5
3	2	6	4	5	9	7	1	8
5	4	9	2	8	7	6	3	1
2	6	1	3	9	5	8	7	4
7	8	3	6	1	4	9	5	2
1	3	7	8	2	6	5	4	9
6	5	2	9	4	3	1	8	7
4	9	8	5	7	1	2	6	3

Intermedio – 16

4	7	1	2	6	9	3	5	8
5	2	9	4	3	8	6	1	7
3	8	6	5	7	1	2	4	9
1	5	7	6	8	4	9	2	3
2	9	4	3	1	7	8	6	5
6	3	8	9	2	5	1	7	4
9	6	5	8	4	2	7	3	1
7	4	3	1	9	6	5	8	2
8	1	2	7	5	3	4	9	6

Intermedio – 17

5	4	6	9	7	2	3	8	1
2	1	3	8	4	5	9	7	6
7	9	8	3	6	1	2	4	5
8	3	4	2	5	7	1	6	9
1	5	7	6	3	9	4	2	8
9	6	2	1	8	4	7	5	3
3	7	5	4	1	6	8	9	2
6	2	1	7	9	8	5	3	4
4	8	9	5	2	3	6	1	7

Intermedio – 18

5	9	4	7	8	6	3	2	1
1	7	3	9	2	5	6	8	4
8	2	6	4	3	1	9	7	5
6	3	7	8	4	2	5	1	9
2	1	5	6	9	3	8	4	7
9	4	8	1	5	7	2	6	3
4	5	1	3	6	8	7	9	2
7	8	2	5	1	9	4	3	6
3	6	9	2	7	4	1	5	8

Intermedio – 19

3	8	7	2	5	1	4	9	6
2	5	4	7	6	9	1	8	3
9	1	6	4	3	8	7	2	5
4	3	9	8	7	2	5	6	1
8	7	2	5	1	6	3	4	9
5	6	1	9	4	3	2	7	8
7	4	8	3	9	5	6	1	2
1	9	5	6	2	7	8	3	4
6	2	3	1	8	4	9	5	7

Intermedio – 20

9	2	6	7	1	8	3	5	4
4	3	7	9	5	6	2	8	1
8	1	5	4	2	3	9	7	6
6	5	4	2	8	7	1	9	3
3	8	2	5	9	1	4	6	7
7	9	1	6	3	4	8	2	5
2	6	8	3	4	5	7	1	9
5	4	9	1	7	2	6	3	8
1	7	3	8	6	9	5	4	2

Intermedio – 21

4	2	9	7	6	1	3	8	5
1	8	3	2	5	9	4	6	7
5	7	6	4	3	8	1	2	9
2	1	8	5	9	6	7	4	3
7	6	5	1	4	3	2	9	8
3	9	4	8	2	7	5	1	6
8	3	2	9	1	5	6	7	4
9	5	1	6	7	4	8	3	2
6	4	7	3	8	2	9	5	1

Intermedio – 22

1	5	7	8	9	6	4	2	3
3	6	8	2	5	4	1	9	7
2	9	4	3	7	1	8	5	6
5	3	2	7	4	8	9	6	1
8	4	6	9	1	3	5	7	2
7	1	9	6	2	5	3	4	8
6	2	3	4	8	9	7	1	5
9	8	5	1	6	7	2	3	4
4	7	1	5	3	2	6	8	9

Intermedio – 23

8	7	5	6	4	2	1	9	3
3	9	4	5	8	1	2	6	7
1	2	6	7	3	9	8	5	4
2	6	1	4	9	8	3	7	5
9	3	8	2	5	7	4	1	6
4	5	7	1	6	3	9	8	2
5	1	3	8	2	6	7	4	9
6	8	2	9	7	4	5	3	1
7	4	9	3	1	5	6	2	8

Intermedio – 24

4	6	2	9	7	3	5	1	8
1	5	9	8	6	2	4	7	3
3	7	8	1	4	5	2	6	9
7	8	5	4	9	6	3	2	1
2	9	4	3	5	1	6	8	7
6	1	3	2	8	7	9	4	5
5	4	1	7	2	9	8	3	6
9	2	7	6	3	8	1	5	4
8	3	6	5	1	4	7	9	2

Intermedio – 25

1	5	8	7	4	3	9	6	2
9	6	3	5	1	2	4	7	8
7	4	2	9	8	6	3	5	1
4	1	7	8	3	9	6	2	5
8	9	6	1	2	5	7	3	4
2	3	5	6	7	4	1	8	9
3	8	9	2	6	1	5	4	7
5	2	4	3	9	7	8	1	6
6	7	1	4	5	8	2	9	3

Intermedio – 26

6	7	5	3	8	2	1	4	9
1	2	3	9	5	4	6	8	7
9	8	4	1	6	7	2	3	5
4	5	6	2	3	9	7	1	8
8	9	2	5	7	1	4	6	3
7	3	1	8	4	6	9	5	2
3	1	9	4	2	5	8	7	6
2	6	8	7	1	3	5	9	4
5	4	7	6	9	8	3	2	1

Intermedio – 27

8	2	5	4	3	6	1	7	9
3	9	1	2	5	7	8	4	6
4	7	6	8	1	9	5	3	2
5	1	7	6	8	3	9	2	4
2	6	3	1	9	4	7	8	5
9	8	4	5	7	2	3	6	1
7	4	9	3	2	1	6	5	8
1	5	2	7	6	8	4	9	3
6	3	8	9	4	5	2	1	7

Intermedio – 28

3	7	6	9	1	2	5	8	4
2	1	8	5	4	6	9	3	7
4	5	9	3	7	8	6	1	2
6	3	5	7	9	1	4	2	8
9	8	1	2	6	4	3	7	5
7	4	2	8	5	3	1	6	9
1	9	4	6	2	7	8	5	3
8	6	7	4	3	5	2	9	1
5	2	3	1	8	9	7	4	6

Intermedio – 29

9	4	8	3	1	7	5	6	2
6	5	1	9	2	4	3	7	8
2	7	3	8	6	5	4	1	9
7	9	4	1	5	2	8	3	6
3	8	6	7	4	9	2	5	1
1	2	5	6	8	3	7	9	4
5	6	9	2	7	8	1	4	3
4	3	2	5	9	1	6	8	7
8	1	7	4	3	6	9	2	5

Intermedio – 30

8	1	9	3	2	5	4	7	6
3	5	2	4	6	7	1	9	8
4	6	7	9	8	1	2	3	5
6	3	8	5	1	9	7	4	2
9	7	1	8	4	2	6	5	3
2	4	5	7	3	6	8	1	9
7	2	3	1	5	8	9	6	4
1	8	4	6	9	3	5	2	7
5	9	6	2	7	4	3	8	1

Intermedio – 31

1	2	3	4	7	9	8	6	5
8	9	6	5	3	2	7	4	1
4	7	5	6	1	8	3	2	9
7	8	9	1	2	5	4	3	6
6	4	1	3	8	7	9	5	2
5	3	2	9	4	6	1	7	8
3	6	7	2	9	1	5	8	4
2	1	8	7	5	4	6	9	3
9	5	4	8	6	3	2	1	7

Intermedio – 32

6	1	3	5	4	9	2	7	8
4	9	7	1	2	8	5	3	6
5	8	2	7	3	6	1	4	9
1	5	6	8	7	3	4	9	2
2	7	4	6	9	1	3	8	5
9	3	8	2	5	4	7	6	1
7	6	1	4	8	2	9	5	3
8	4	9	3	1	5	6	2	7
3	2	5	9	6	7	8	1	4

Intermedio – 33

4	2	3	9	1	8	6	7	5
1	7	6	4	2	5	3	9	8
9	8	5	3	6	7	4	1	2
5	6	2	7	9	4	8	3	1
7	4	9	1	8	3	2	5	6
8	3	1	2	5	6	7	4	9
2	5	7	8	4	1	9	6	3
3	1	8	6	7	9	5	2	4
6	9	4	5	3	2	1	8	7

Intermedio – 34

1	2	3	4	6	7	5	8	9
8	9	4	5	1	2	3	7	6
5	7	6	3	9	8	1	4	5
2	8	5	1	4	6	7	9	3
9	4	7	2	5	3	8	6	1
3	6	1	8	7	9	2	5	4
7	1	2	9	8	4	6	3	5
4	5	8	6	3	1	9	2	7
6	3	9	7	2	5	4	1	8

Intermedio – 35

9	1	8	3	4	6	2	7	5
5	7	3	8	2	1	9	4	6
4	6	2	5	7	9	1	3	8
7	4	9	6	5	2	3	8	1
3	5	6	1	8	7	4	9	2
8	2	1	9	3	4	6	5	7
1	9	4	7	6	5	8	2	3
6	8	7	2	9	3	5	1	4
2	3	5	4	1	8	7	6	9

Intermedio – 36

1	7	4	6	2	8	3	9	5
2	5	9	4	3	1	8	6	7
3	8	6	5	7	9	4	2	1
4	1	7	8	9	5	6	3	2
5	6	2	1	4	3	7	8	9
8	9	3	7	6	2	1	5	4
7	3	1	2	5	6	9	4	8
6	2	8	9	1	4	5	7	3
9	4	5	3	8	7	2	1	6

Intermedio – 37

1	6	8	7	4	9	2	5	3
9	4	2	1	3	5	7	6	8
7	3	5	6	8	2	9	4	1
5	9	6	8	1	4	3	7	2
4	2	1	9	7	3	5	8	6
3	8	7	2	5	6	4	1	9
2	1	9	5	6	7	8	3	4
8	5	4	3	9	1	6	2	7
6	7	3	4	2	8	1	9	5

Intermedio – 38

8	9	4	7	1	5	2	3	6
7	6	5	2	3	4	1	9	8
2	3	1	6	9	8	5	7	4
9	4	8	1	5	3	6	2	7
6	1	2	9	8	7	4	5	3
5	7	3	4	2	6	9	8	1
1	5	6	8	7	2	3	4	9
3	8	9	5	4	1	7	6	2
4	2	7	3	6	9	8	1	5

Intermedio – 39

4	5	6	7	1	8	2	3	9
1	2	3	4	5	9	7	8	6
9	8	7	2	3	6	1	4	5
3	6	8	5	7	2	9	1	4
7	9	1	8	6	4	3	5	2
2	4	5	1	9	3	6	7	8
6	1	2	3	4	5	8	9	7
5	7	9	6	8	1	4	2	3
8	3	4	9	2	7	5	6	1

Intermedio – 40

1	8	5	4	3	2	7	9	6
6	2	3	9	1	7	4	5	8
7	4	9	8	5	6	1	2	3
8	5	7	6	4	9	2	3	1
4	1	2	5	7	3	6	8	9
9	3	6	2	8	1	5	4	7
3	6	4	1	9	5	8	7	2
5	9	1	7	2	8	3	6	4
2	7	8	3	6	4	9	1	5

Intermedio – 41

6	9	5	7	1	4	8	2	3
7	4	2	5	8	3	6	9	1
1	3	8	2	9	6	7	4	5
3	2	1	4	6	9	5	7	8
9	5	7	8	3	2	4	1	6
4	8	6	1	5	7	9	3	2
5	6	4	9	2	1	3	8	7
2	7	3	6	4	8	1	5	9
8	1	9	3	7	5	2	6	4

Intermedio – 42

8	9	1	2	4	3	5	7	6
2	4	5	6	7	9	1	3	8
3	6	7	1	8	5	2	9	4
4	1	3	9	6	8	7	5	2
5	2	6	4	3	7	8	1	9
9	7	8	5	1	2	4	6	3
1	8	2	7	9	6	3	4	5
6	3	4	8	5	1	9	2	7
7	5	9	3	2	4	6	8	1

Intermedio – 43

5	6	2	3	4	7	1	9	8
8	1	7	6	5	9	3	4	2
3	4	9	2	1	8	6	5	7
9	8	3	5	2	4	7	1	6
2	5	1	7	6	3	4	8	9
6	7	4	8	9	1	5	2	3
1	2	8	4	7	6	9	3	5
7	9	5	1	3	2	8	6	4
4	3	6	9	8	5	2	7	1

Intermedio – 44

7	1	2	3	6	5	8	4	9
8	3	9	2	1	4	5	6	7
4	5	6	7	8	9	2	3	1
6	7	4	1	5	2	9	8	3
5	8	1	9	4	3	7	2	6
9	2	3	6	7	8	4	1	5
2	9	7	8	3	1	6	5	4
1	4	8	5	9	6	3	7	2
3	6	5	4	2	7	1	9	8

Intermedio – 45

8	1	5	7	6	4	2	3	9
7	3	9	8	2	5	4	6	1
2	4	6	9	3	1	8	7	5
4	5	2	1	9	7	6	8	3
6	7	1	3	8	2	9	5	4
3	9	8	4	5	6	1	2	7
9	2	4	6	7	3	5	1	8
5	8	3	2	1	9	7	4	6
1	6	7	5	4	8	3	9	2

Intermedio – 46

5	1	3	8	6	4	7	9	2
2	4	9	1	3	7	8	5	6
8	6	7	5	9	2	4	3	1
3	2	6	7	4	9	1	8	5
4	9	5	6	1	8	2	7	3
7	8	1	3	2	5	9	6	4
6	5	8	4	7	1	3	2	9
1	7	2	9	5	3	6	4	8
9	3	4	2	8	6	5	1	7

Intermedio – 47

8	6	9	1	4	2	7	3	5
4	1	7	3	6	5	9	2	8
2	3	5	8	9	7	1	4	6
6	8	2	4	5	1	3	7	9
7	9	3	2	8	6	4	5	1
5	4	1	7	3	9	8	6	2
3	5	6	9	1	4	2	8	7
1	2	8	5	7	3	6	9	4
9	7	4	6	2	8	5	1	3

Intermedio – 48

3	6	9	4	8	1	5	7	2
1	7	4	3	2	5	8	6	9
2	8	5	6	7	9	4	3	1
9	4	7	2	1	3	6	5	8
6	5	3	8	9	4	1	2	7
8	1	2	7	5	6	9	4	3
7	9	6	5	3	8	2	1	4
4	2	8	1	6	7	3	9	5
5	3	1	9	4	2	7	8	6

Intermedio – 49

1	5	6	7	8	3	2	4	9
8	4	3	6	2	9	5	1	7
7	9	2	1	5	4	6	8	3
5	6	7	3	4	8	9	2	1
9	8	1	2	6	7	4	3	5
2	3	4	9	1	5	7	6	8
4	1	5	8	7	2	3	9	6
6	2	9	5	3	1	8	7	4
3	7	8	4	9	6	1	5	2

Intermedio – 50

1	8	2	5	4	6	9	3	7
6	3	5	9	1	7	2	8	4
4	7	9	8	2	3	6	1	5
7	2	3	4	8	9	5	6	1
8	5	6	7	3	1	4	9	2
9	4	1	2	6	5	8	7	3
5	6	7	3	9	4	1	2	8
3	1	8	6	5	2	7	4	9
2	9	4	1	7	8	3	5	6

Intermedio – 51

7	9	3	8	4	6	5	2	1
1	5	6	3	7	2	8	4	9
8	2	4	9	1	5	6	7	3
9	6	7	2	3	4	1	8	5
3	4	5	1	8	9	2	6	7
2	8	1	6	5	7	3	9	4
6	1	2	7	9	3	4	5	8
4	3	9	5	2	8	7	1	6
5	7	8	4	6	1	9	3	2

Intermedio – 52

8	5	2	1	4	7	6	9	3
6	4	1	9	2	3	7	8	5
7	3	9	6	5	8	1	4	2
3	6	5	8	1	2	4	7	9
2	9	4	7	6	5	8	3	1
1	8	7	4	3	9	5	2	6
5	7	8	3	9	1	2	6	4
4	1	3	2	8	6	9	5	7
9	2	6	5	7	4	3	1	8

Intermedio – 53

1	3	6	7	8	5	9	2	4
2	5	8	3	4	9	1	6	7
7	4	9	6	1	2	8	3	5
9	2	5	8	3	4	6	7	1
3	1	7	5	2	6	4	8	9
8	6	4	9	7	1	2	5	3
6	7	2	4	9	3	5	1	8
5	9	3	1	6	8	7	4	2
4	8	1	2	5	7	3	9	6

Intermedio – 54

3	2	6	4	7	1	9	5	8
1	9	4	5	3	8	7	6	2
7	5	8	9	2	6	3	1	4
9	4	7	1	6	5	8	2	3
6	8	2	3	9	4	1	7	5
5	1	3	7	8	2	6	4	9
2	7	5	8	1	3	4	9	6
4	3	1	6	5	9	2	8	7
8	6	9	2	4	7	5	3	1

Intermedio – 55

5	7	3	9	2	1	4	6	8
1	2	6	8	3	4	5	9	7
8	9	4	5	6	7	1	3	2
6	1	8	4	7	5	3	2	9
2	4	9	6	1	3	7	8	5
7	3	5	2	9	8	6	4	1
3	8	2	7	5	6	9	1	4
9	6	7	1	4	2	8	5	3
4	5	1	3	8	9	2	7	6

Intermedio – 56

1	2	6	3	9	5	4	8	7
3	7	8	1	4	6	9	2	5
5	9	4	8	2	7	6	1	3
8	4	2	5	7	1	3	9	6
6	5	3	2	8	9	7	4	1
9	1	7	6	3	4	8	5	2
2	8	5	4	6	3	1	7	9
7	6	1	9	5	8	2	3	4
4	3	9	7	1	2	5	6	8

Intermedio – 57

1	6	4	3	7	2	9	8	5
8	2	3	5	9	1	6	4	7
7	5	9	6	4	8	2	1	3
9	4	7	1	2	6	3	5	8
2	8	1	7	3	5	4	9	6
5	3	6	9	8	4	1	7	2
6	7	5	2	1	9	8	3	4
4	1	2	8	5	3	7	6	9
3	9	8	4	6	7	5	2	1

Intermedio – 58

8	4	7	3	1	6	2	5	9
3	2	5	7	9	4	6	1	8
9	6	1	5	2	8	4	3	7
4	8	9	2	6	1	3	7	5
2	5	6	8	3	7	1	9	4
7	1	3	9	4	5	8	6	2
6	3	2	4	7	9	5	8	1
1	7	8	6	5	2	9	4	3
5	9	4	1	8	3	7	2	6

Intermedio – 59

4	1	7	3	5	8	9	2	6
2	8	5	6	1	9	7	3	4
3	6	9	4	2	7	8	5	1
7	4	8	2	9	1	5	6	3
5	2	1	7	6	3	4	8	9
9	3	6	8	4	5	2	1	7
8	7	2	1	3	4	6	9	5
6	5	3	9	7	2	1	4	8
1	9	4	5	8	6	3	7	2

Intermedio – 60

1	6	9	5	4	8	2	7	3
2	5	8	7	3	6	9	1	4
3	7	4	1	9	2	6	5	8
8	3	5	9	2	1	7	4	6
7	4	1	6	8	5	3	2	9
9	2	6	4	7	3	5	8	1
4	8	3	2	5	9	1	6	7
5	1	7	3	6	4	8	9	2
6	9	2	8	1	7	4	3	5

Intermedio – 61

1	2	3	8	6	5	9	4	7
6	4	7	9	3	1	2	5	8
8	9	5	7	4	2	1	6	3
5	3	6	2	9	8	4	7	1
7	1	9	4	5	6	8	3	2
4	8	2	3	1	7	5	9	6
9	7	4	1	8	3	6	2	5
2	6	8	5	7	9	3	1	4
3	5	1	6	2	4	7	8	9

Intermedio – 62

4	5	7	9	6	1	8	2	3
6	1	9	2	3	8	5	4	7
2	3	8	4	5	7	9	6	1
5	7	2	8	1	4	3	9	6
1	9	3	6	7	5	2	8	4
8	6	4	3	2	9	1	7	5
9	2	5	7	4	3	6	1	8
7	8	1	5	9	6	4	3	2
3	4	6	1	8	2	7	5	9

Intermedio – 63

6	9	2	4	7	8	1	3	5
3	5	8	1	9	6	4	7	2
7	4	1	5	2	3	6	8	9
2	6	4	8	3	7	9	5	1
9	7	5	2	1	4	3	6	8
8	1	3	6	5	9	2	4	7
1	8	7	3	4	2	5	9	6
4	2	9	7	6	5	8	1	3
5	3	6	9	8	1	7	2	4

Intermedio – 64

7	2	8	5	4	9	1	3	6
4	9	1	6	3	7	2	8	5
5	3	6	8	1	2	4	7	9
9	7	4	2	8	3	5	6	1
8	6	2	1	9	5	7	4	3
1	5	3	7	6	4	8	9	2
3	1	9	4	5	8	6	2	7
6	8	7	3	2	1	9	5	4
2	4	5	9	7	6	3	1	8

Intermedio – 65

5	4	3	9	2	8	1	7	6
1	2	8	6	3	7	9	5	4
6	7	9	5	1	4	2	8	3
9	3	2	1	4	5	7	6	8
7	6	5	8	9	2	4	3	1
4	8	1	7	6	3	5	9	2
2	5	4	3	7	6	8	1	9
3	1	7	2	8	9	6	4	5
8	9	6	4	5	1	3	2	7

Intermedio – 66

8	5	3	6	7	9	2	1	4
2	6	4	1	8	3	5	7	9
9	1	7	2	4	5	6	3	8
1	2	6	5	3	4	8	9	7
7	3	5	8	9	1	4	6	2
4	8	9	7	6	2	1	5	3
5	9	2	3	1	8	7	4	6
6	4	1	9	2	7	3	8	5
3	7	8	4	5	6	9	2	1

Intermedio – 67

7	1	5	6	8	4	2	3	9
8	9	3	5	1	2	4	6	7
4	2	6	3	7	9	1	8	5
6	8	2	4	3	5	9	7	1
9	3	7	8	2	1	6	5	4
5	4	1	7	9	6	8	2	3
2	7	4	1	5	8	3	9	6
1	5	9	2	6	3	7	4	8
3	6	8	9	4	7	5	1	2

Intermedio – 68

5	8	4	6	3	7	1	2	9
3	7	6	1	2	9	8	4	5
2	1	9	5	4	8	7	6	3
6	4	3	9	1	2	5	7	8
7	5	1	3	8	4	6	9	2
8	9	2	7	6	5	4	3	1
9	2	5	4	7	1	3	8	6
4	6	8	2	5	3	9	1	7
1	3	7	8	9	6	2	5	4

Intermedio – 69

1	8	5	4	2	6	3	7	9
2	6	7	8	3	9	5	1	4
9	3	4	7	1	5	6	8	2
4	5	1	3	9	8	7	2	6
8	9	3	2	6	7	4	5	1
6	7	2	1	5	4	8	9	3
3	2	6	5	8	1	9	4	7
7	1	8	9	4	3	2	6	5
5	4	9	6	7	2	1	3	8

Intermedio – 70

9	7	4	6	2	8	1	3	5
8	6	3	4	1	5	7	2	9
2	1	5	7	9	3	4	6	8
7	5	6	3	8	2	9	4	1
3	8	1	9	4	7	6	5	2
4	9	2	5	6	1	3	8	7
5	3	9	2	7	6	8	1	4
1	2	7	8	3	4	5	9	6
6	4	8	1	5	9	2	7	3

Intermedio – 71

9	3	5	1	2	4	7	6	8
7	8	4	5	3	6	2	1	9
2	1	6	8	9	7	5	4	3
8	5	9	7	6	2	1	3	4
3	6	7	4	1	5	9	8	2
4	2	1	3	8	9	6	7	5
5	4	2	6	7	3	8	9	1
1	7	3	9	5	8	4	2	6
6	9	8	2	4	1	3	5	7

Intermedio – 72

3	2	5	4	7	9	6	1	8
6	9	7	1	2	8	5	3	4
1	8	4	5	3	6	7	2	9
9	3	6	7	5	4	2	8	1
4	7	1	2	8	3	9	6	5
2	5	8	9	6	1	3	4	7
7	6	3	8	4	5	1	9	2
8	1	2	3	9	7	4	5	6
5	4	9	6	1	2	8	7	3

Intermedio – 73

9	5	2	1	7	4	3	6	8
7	1	4	6	3	8	9	2	5
6	3	8	5	2	9	4	1	7
8	9	1	4	5	6	2	7	3
3	7	6	9	8	2	1	5	4
4	2	5	7	1	3	8	9	6
1	4	9	3	6	7	5	8	2
2	6	3	8	9	5	7	4	1
5	8	7	2	4	1	6	3	9

Intermedio – 74

9	3	8	5	1	2	7	4	6
7	1	4	9	6	3	8	5	2
2	5	6	4	8	7	3	9	1
8	9	5	6	3	1	4	2	7
4	2	7	8	5	9	1	6	3
3	6	1	7	2	4	5	8	9
5	7	2	1	9	8	6	3	4
1	8	9	3	4	6	2	7	5
6	4	3	2	7	5	9	1	8

Intermedio – 75

2	6	4	3	5	9	1	7	8
9	5	8	4	7	1	2	6	3
1	7	3	2	8	6	4	5	9
5	4	7	8	1	3	6	9	2
3	1	2	9	6	7	8	4	5
6	8	9	5	2	4	7	3	1
4	2	1	6	3	5	9	8	7
8	3	6	7	9	2	5	1	4
7	9	5	1	4	8	3	2	6

Intermedio – 76

6	1	9	5	7	2	4	3	8
5	7	4	3	9	8	2	6	1
3	2	8	4	1	6	7	9	5
7	8	3	9	2	4	1	5	6
9	6	2	1	5	3	8	4	7
1	4	5	6	8	7	3	2	9
8	9	7	2	4	5	6	1	3
4	5	6	8	3	1	9	7	2
2	3	1	7	6	9	5	8	4

Intermedio – 77

8	5	9	1	6	7	3	4	2
1	7	4	3	8	2	5	6	9
6	2	3	4	5	9	7	1	8
9	8	5	7	3	4	1	2	6
4	3	7	6	2	1	9	8	5
2	1	6	5	9	8	4	3	7
3	9	2	8	1	5	6	7	4
5	4	1	2	7	6	8	9	3
7	6	8	9	4	3	2	5	1

Intermedio – 78

5	7	2	1	9	6	3	4	8
9	4	3	2	8	7	5	6	1
8	1	6	4	3	5	9	2	7
2	6	7	8	5	3	1	9	4
4	9	5	7	6	1	2	8	3
1	3	8	9	4	2	7	5	6
3	8	4	5	7	9	6	1	2
7	2	9	6	1	8	4	3	5
6	5	1	3	2	4	8	7	9

Intermedio – 79

6	5	2	1	7	4	8	9	3
1	8	4	6	3	9	5	2	7
7	9	3	8	5	2	6	1	4
2	1	7	4	9	5	3	6	8
4	3	5	2	8	6	1	7	9
9	6	8	7	1	3	2	4	5
5	7	6	3	4	1	9	8	2
8	2	9	5	6	7	4	3	1
3	4	1	9	2	8	7	5	6

Intermedio – 80

8	9	5	7	6	3	4	2	1
4	6	3	1	2	5	8	7	9
2	1	7	4	9	8	5	6	3
7	5	9	2	4	6	3	1	8
6	2	4	3	8	1	9	5	7
3	8	1	9	5	7	2	4	6
1	7	8	5	3	2	6	9	4
9	3	2	6	1	4	7	8	5
5	4	6	8	7	9	1	3	2

Intermedio – 81

5	1	7	6	2	4	9	3	8
3	6	2	5	9	8	4	7	1
8	4	9	1	3	7	5	2	6
1	9	3	8	4	2	6	5	7
4	8	6	7	5	1	2	9	3
2	7	5	9	6	3	8	1	4
9	5	8	3	7	6	1	4	2
6	3	4	2	1	9	7	8	5
7	2	1	4	8	5	3	6	9

Intermedio – 82

8	5	9	7	6	2	1	4	3
3	1	4	8	9	5	7	2	6
7	6	2	4	1	3	9	8	5
1	8	6	5	2	7	4	3	9
2	4	5	9	3	8	6	7	1
9	7	3	6	4	1	2	5	8
6	9	8	2	5	4	3	1	7
5	2	1	3	7	9	8	6	4
4	3	7	1	8	6	5	9	2

Intermedio – 83

9	1	6	8	4	7	2	5	3
2	7	4	1	3	5	6	9	8
5	3	8	9	6	2	1	7	4
8	4	7	6	1	9	3	2	5
6	2	5	4	7	3	9	8	1
3	9	1	5	2	8	7	4	6
1	6	2	7	5	4	8	3	9
7	5	9	3	8	1	4	6	2
4	8	3	2	9	6	5	1	7

Intermedio – 84

5	1	2	3	8	9	7	6	4
6	4	3	7	2	5	8	1	9
9	7	8	6	4	1	5	3	2
3	8	7	9	1	4	2	5	6
4	9	5	2	3	6	1	7	8
1	2	6	8	5	7	9	4	3
7	6	1	4	9	2	3	8	5
8	5	9	1	6	3	4	2	7
2	3	4	5	7	8	6	9	1

Intermedio – 85

1	6	5	3	7	8	2	4	9
3	2	9	4	5	1	8	6	7
7	8	4	6	9	2	5	1	3
2	9	7	1	4	3	6	5	8
6	3	8	5	2	7	4	9	1
5	4	1	9	8	6	3	7	2
8	1	3	7	6	4	9	2	5
9	7	6	2	3	5	1	8	4
4	5	2	8	1	9	7	3	6

Intermedio – 86

8	3	5	1	4	7	2	9	6
1	4	9	8	2	6	3	7	5
6	2	7	5	3	9	4	8	1
7	8	4	3	5	2	6	1	9
2	1	3	6	9	8	7	5	4
9	5	6	4	7	1	8	3	2
4	6	1	9	8	3	5	2	7
5	7	8	2	1	4	9	6	3
3	9	2	7	6	5	1	4	8

Intermedio – 87

6	5	8	2	4	7	9	1	3
2	3	4	9	5	1	7	6	8
9	7	1	8	3	6	4	2	5
4	8	2	1	7	5	3	9	6
3	6	5	4	8	9	1	7	2
7	1	9	6	2	3	5	8	4
1	4	3	7	6	2	8	5	9
8	9	6	5	1	4	2	3	7
5	2	7	3	9	8	6	4	1

Intermedio – 88

7	5	1	3	4	6	9	8	2
8	2	9	1	7	5	6	3	4
4	3	6	9	8	2	7	1	5
3	8	5	6	9	4	1	2	7
6	1	4	2	3	7	8	5	9
9	7	2	5	1	8	3	4	6
1	6	8	4	5	9	2	7	3
5	9	7	8	2	3	4	6	1
2	4	3	7	6	1	5	9	8

Intermedio – 89

5	1	3	7	2	8	4	9	6
9	8	6	4	1	3	7	5	2
7	2	4	9	5	6	8	3	1
3	9	2	6	7	4	1	8	5
4	5	7	3	8	1	2	6	9
1	6	8	2	9	5	3	4	7
2	7	5	8	3	9	6	1	4
6	3	1	5	4	2	9	7	8
8	4	9	1	6	7	5	2	3

Difícil – 1

2	9	1	5	8	6	4	3	7
7	3	8	2	1	4	5	6	9
4	5	6	3	7	9	8	1	2
6	2	3	7	4	1	9	5	8
9	7	5	8	6	2	1	4	3
8	1	4	9	5	3	7	2	6
5	6	7	1	3	8	2	9	4
3	8	2	4	9	5	6	7	1
1	4	9	6	2	7	3	8	5

Difícil – 2

1	5	9	8	3	6	2	7	4
7	6	3	5	2	4	1	8	9
4	2	8	7	9	1	3	5	6
6	7	4	3	1	5	8	9	2
3	9	1	2	4	8	7	6	5
2	8	5	9	6	7	4	3	1
8	1	7	6	5	2	9	4	3
5	3	2	4	8	9	6	1	7
9	4	6	1	7	3	5	2	8

Difícil – 3

7	6	5	9	1	8	4	2	3
2	8	9	3	4	5	1	7	6
4	1	3	2	6	7	5	8	9
1	9	2	5	7	3	8	6	4
8	3	4	1	9	6	2	5	7
6	5	7	8	2	4	3	9	1
3	2	1	6	8	9	7	4	5
9	4	8	7	5	1	6	3	2
5	7	6	4	3	2	9	1	8

Difícil – 4

6	5	8	1	7	3	4	2	9
9	7	1	4	2	6	5	3	8
3	2	4	5	9	8	6	7	1
8	3	7	2	6	4	1	9	5
1	4	6	9	5	7	2	8	3
5	9	2	8	3	1	7	4	6
4	6	9	3	1	2	8	5	7
7	8	5	6	4	9	3	1	2
2	1	3	7	8	5	9	6	4

Difícil – 5

2	9	1	7	5	4	8	6	3
6	8	4	2	1	3	5	7	9
5	3	7	9	8	6	4	1	2
3	5	6	8	9	2	1	4	7
9	4	8	6	7	1	2	3	5
7	1	2	3	4	5	9	8	6
8	6	3	1	2	9	7	5	4
4	7	9	5	6	8	3	2	1
1	2	5	4	3	7	6	9	8

Difícil – 6

3	6	9	4	8	5	7	2	1
8	4	7	2	3	1	5	9	6
1	5	2	9	6	7	4	3	8
6	3	5	1	7	9	2	8	4
9	8	4	6	5	2	1	7	3
7	2	1	8	4	3	6	5	9
4	7	6	3	2	8	9	1	5
2	9	8	5	1	4	3	6	7
5	1	3	7	9	6	8	4	2

Difícil – 7

6	9	3	5	7	8	4	2	1
8	7	5	2	1	4	6	3	9
2	1	4	3	6	9	7	8	5
5	4	7	6	8	2	1	9	3
9	8	6	1	4	3	5	7	2
3	2	1	7	9	5	8	6	4
7	3	9	4	5	6	2	1	8
4	6	2	8	3	1	9	5	7
1	5	8	9	2	7	3	4	6

Difícil – 8

2	4	7	9	3	8	1	5	6
8	9	3	1	6	5	4	2	7
5	6	1	2	7	4	8	3	9
1	7	4	8	5	3	6	9	2
6	2	8	7	9	1	3	4	5
3	5	9	4	2	6	7	8	1
4	8	2	5	1	7	9	6	3
9	1	6	3	8	2	5	7	4
7	3	5	6	4	9	2	1	8

Difícil – 9

6	4	9	7	5	1	2	8	3
5	1	2	3	8	6	4	9	7
3	7	8	2	4	9	6	5	1
4	5	7	8	9	3	1	6	2
8	9	1	6	2	4	3	7	5
2	3	6	1	7	5	9	4	8
9	2	5	4	3	7	8	1	6
7	6	3	9	1	8	5	2	4
1	8	4	5	6	2	7	3	9

Difícil – 10

4	9	1	3	5	8	7	6	2
2	7	8	4	9	6	5	3	1
3	6	5	1	7	2	8	4	9
6	3	7	9	4	5	2	1	8
5	1	9	2	8	3	4	7	6
8	2	4	7	6	1	9	5	3
7	4	3	6	2	9	1	8	5
1	8	2	5	3	7	6	9	4
9	5	6	8	1	4	3	2	7

Difícil – 11

4	6	7	9	2	1	5	3	8
5	2	3	7	8	4	9	6	1
8	9	1	3	5	6	7	4	2
9	8	4	2	3	5	1	7	6
7	3	6	4	1	8	2	9	5
1	5	2	6	7	9	4	8	3
2	7	8	5	4	3	6	1	9
6	1	5	8	9	7	3	2	4
3	4	9	1	6	2	8	5	7

Difícil – 12

4	8	1	3	5	6	2	9	7
2	5	9	4	1	7	8	3	6
7	6	3	8	9	2	5	1	4
1	2	6	7	8	3	4	5	9
8	3	7	9	4	5	6	2	1
9	4	5	6	2	1	3	7	8
6	1	2	5	7	4	9	8	3
5	9	4	1	3	8	7	6	2
3	7	8	2	6	9	1	4	5

Difícil – 13

8	7	6	2	1	9	3	5	4
3	9	2	7	4	5	8	1	6
1	4	5	6	8	3	2	9	7
7	5	1	4	9	8	6	3	2
9	6	4	5	3	2	1	7	8
2	3	8	1	7	6	9	4	5
4	8	7	9	2	1	5	6	3
6	2	9	3	5	4	7	8	1
5	1	3	8	6	7	4	2	9

Difícil – 14

3	9	5	1	7	6	4	8	2
1	6	2	5	8	4	9	7	3
7	8	4	3	2	9	5	6	1
4	1	8	6	9	7	3	2	5
9	2	3	8	5	1	6	4	7
6	5	7	2	4	3	1	9	8
8	4	6	7	3	5	2	1	9
2	3	1	9	6	8	7	5	4
5	7	9	4	1	2	8	3	6

Difícil – 15

1	7	4	2	9	5	8	6	3
9	8	3	1	4	6	7	2	5
2	6	5	7	3	8	4	1	9
4	2	1	9	5	3	6	8	7
3	9	6	8	7	4	2	5	1
8	5	7	6	2	1	3	9	4
7	1	9	4	8	2	5	3	6
5	4	8	3	6	9	1	7	2
6	3	2	5	1	7	9	4	8

Difícil – 16

1	6	5	9	7	3	8	2	4
2	3	9	1	4	8	5	7	6
8	7	4	2	5	6	1	9	3
6	4	7	5	2	9	3	1	8
9	1	3	7	8	4	2	6	5
5	8	2	3	6	1	9	4	7
4	5	6	8	1	2	7	3	9
7	9	1	4	3	5	6	8	2
3	2	8	6	9	7	4	5	1

Difícil – 17

1	2	6	3	4	7	8	5	9
5	4	8	6	2	9	7	3	1
7	3	9	1	8	5	6	4	2
9	1	5	2	7	6	3	8	4
3	6	2	4	9	8	5	1	7
8	7	4	5	3	1	2	9	6
2	5	1	9	6	3	4	7	8
4	9	7	8	5	2	1	6	3
6	8	3	7	1	4	9	2	5

Difícil – 18

7	1	6	9	8	3	2	5	4
4	3	8	2	7	5	6	9	1
5	9	2	4	1	6	7	3	8
1	6	3	5	4	7	8	2	9
8	4	7	1	9	2	3	6	5
2	5	9	6	3	8	4	1	7
3	7	5	8	2	9	1	4	6
6	8	4	3	5	1	9	7	2
9	2	1	7	6	4	5	8	3

Difícil – 19

4	6	3	5	9	7	1	2	8
5	8	2	3	6	1	9	7	4
7	1	9	8	2	4	5	3	6
1	5	7	2	8	3	6	4	9
6	3	8	4	5	9	7	1	2
9	2	4	7	1	6	8	5	3
3	9	5	1	4	8	2	6	7
8	4	1	6	7	2	3	9	5
2	7	6	9	3	5	4	8	1

Difícil – 20

5	4	3	6	9	2	7	8	1
2	6	9	1	7	8	5	4	3
8	1	7	4	5	3	2	9	6
3	8	1	5	4	9	6	7	2
7	5	2	8	3	6	9	1	4
4	9	6	7	2	1	3	5	8
6	7	8	2	1	5	4	3	9
1	3	5	9	6	4	8	2	7
9	2	4	3	8	7	1	6	5

Difícil – 21

2	7	3	8	5	1	9	4	6
4	9	5	3	2	6	1	8	7
8	6	1	7	4	9	3	2	5
7	5	2	1	8	3	6	9	4
3	8	6	2	9	4	7	5	1
9	1	4	6	7	5	8	3	2
1	2	9	5	3	7	4	6	8
5	3	7	4	6	8	2	1	9
6	4	8	9	1	2	5	7	3

Difícil – 22

8	3	5	4	9	1	6	2	7
2	7	4	8	6	3	1	5	9
6	9	1	7	5	2	4	8	3
9	1	8	3	2	5	7	6	4
5	6	2	1	7	4	9	3	8
7	4	3	6	8	9	2	1	5
3	2	7	9	1	8	5	4	6
1	8	9	5	4	6	3	7	2
4	5	6	2	3	7	8	9	1

Difícil – 23

1	2	4	5	6	8	3	7	9
6	5	7	3	4	9	2	8	1
3	9	8	2	7	1	5	6	4
4	3	5	6	1	7	8	9	2
7	1	9	8	5	2	6	4	3
2	8	6	9	3	4	7	1	5
8	4	3	7	9	5	1	2	6
5	7	1	4	2	6	9	3	8
9	6	2	1	8	3	4	5	7

Difícil – 24

1	6	9	2	8	7	4	3	5
7	5	3	1	6	4	2	9	8
2	4	8	5	3	9	7	6	1
3	1	4	9	5	2	8	7	6
5	9	7	8	1	6	3	2	4
6	8	2	4	7	3	5	1	9
4	3	1	7	9	5	6	8	2
9	7	5	6	2	8	1	4	3
8	2	6	3	4	1	9	5	7

Difícil – 25

3	5	8	4	9	2	7	6	1
6	2	7	1	8	3	5	4	9
4	9	1	5	6	7	3	8	2
9	8	4	6	1	5	2	3	7
1	7	6	3	2	9	4	5	8
5	3	2	7	4	8	1	9	6
2	6	3	8	5	1	9	7	4
8	1	5	9	7	4	6	2	3
7	4	9	2	3	6	8	1	5

Difícil – 26

4	7	5	6	3	8	2	1	9
3	2	9	5	1	4	6	7	8
6	8	1	7	2	9	4	5	3
7	5	3	8	6	2	9	4	1
2	9	8	1	4	5	7	3	6
1	4	6	9	7	3	8	2	5
9	1	4	3	8	7	5	6	2
8	3	7	2	5	6	1	9	4
5	6	2	4	9	1	3	8	7

Difícil – 27

9	3	1	6	5	7	8	4	2
4	2	6	3	1	8	5	7	9
7	8	5	2	4	9	1	6	3
6	7	9	8	3	2	4	5	1
8	1	2	4	6	5	3	9	7
3	5	4	9	7	1	2	8	6
5	9	3	1	8	6	7	2	4
1	6	8	7	2	4	9	3	5
2	4	7	5	9	3	6	1	8

Difícil – 28

6	4	8	1	9	7	5	3	2
5	9	2	8	6	3	4	1	7
1	7	3	5	4	2	9	8	6
9	8	4	2	5	6	1	7	3
3	5	6	7	1	8	2	9	4
7	2	1	9	3	4	6	5	8
4	1	7	6	8	5	3	2	9
8	6	5	3	2	9	7	4	1
2	3	9	4	7	1	8	6	5

Difícil – 29

5	6	8	4	7	1	3	2	9
4	3	1	8	9	2	7	6	5
2	7	9	5	6	3	4	1	8
1	5	2	9	3	7	8	4	6
7	4	6	1	2	8	9	5	3
8	9	3	6	4	5	2	7	1
3	1	5	7	8	4	6	9	2
6	2	4	3	5	9	1	8	7
9	8	7	2	1	6	5	3	4

Difícil – 30

6	9	7	8	3	5	2	4	1
5	3	1	4	2	9	7	8	6
2	8	4	1	6	7	3	9	5
7	6	3	5	9	8	1	2	4
8	1	5	2	7	4	6	3	9
9	4	2	3	1	6	8	5	7
3	7	9	6	4	2	5	1	8
4	2	8	7	5	1	9	6	3
1	5	6	9	8	3	4	7	2

Difícil – 31

7	9	6	3	8	1	2	5	4
2	3	4	7	5	6	9	8	1
1	5	8	4	9	2	3	7	6
9	2	1	8	3	4	5	6	7
5	6	3	1	2	7	4	9	8
8	4	7	5	6	9	1	2	3
6	8	9	2	1	3	7	4	5
3	7	5	9	4	8	6	1	2
4	1	2	6	7	5	8	3	9

Difícil – 32

3	1	5	8	2	9	4	6	7
6	2	8	4	1	7	5	9	3
9	7	4	3	6	5	2	1	8
8	4	2	1	5	3	9	7	6
1	3	9	6	7	4	8	2	5
5	6	7	2	9	8	1	3	4
7	5	3	9	8	2	6	4	1
2	8	1	7	4	6	3	5	9
4	9	6	5	3	1	7	8	2

Difícil – 33

3	5	7	2	4	6	1	8	9
2	9	1	7	5	8	6	4	3
4	8	6	9	3	1	5	2	7
7	4	2	6	9	5	8	3	1
6	3	8	1	7	4	2	9	5
9	1	5	3	8	2	7	6	4
8	2	3	4	1	7	9	5	6
5	7	4	8	6	9	3	1	2
1	6	9	5	2	3	4	7	8

Difícil – 34

4	6	7	9	3	5	1	2	8
9	8	3	7	2	1	6	4	5
5	2	1	6	4	8	7	3	9
1	4	9	5	6	2	3	8	7
2	3	8	1	7	9	5	6	4
6	7	5	3	8	4	9	1	2
8	1	6	4	5	7	2	9	3
3	5	2	8	9	6	4	7	1
7	9	4	2	1	3	8	5	6

Difícil – 35

8	3	1	6	4	5	9	7	2
6	5	2	9	8	7	4	1	3
7	4	9	2	3	1	6	5	8
5	8	4	7	9	3	1	2	6
9	2	3	8	1	6	7	4	5
1	7	6	5	2	4	3	8	9
3	9	5	1	7	8	2	6	4
2	1	8	4	6	9	5	3	7
4	6	7	3	5	2	8	9	1

Difícil – 36

8	7	2	9	6	5	1	3	4
5	9	4	8	1	3	2	7	6
1	3	6	4	2	7	5	9	8
9	5	7	3	4	8	6	2	1
2	6	8	7	9	1	4	5	3
3	4	1	2	5	6	9	8	7
4	8	5	6	7	9	3	1	2
6	1	3	5	8	2	7	4	9
7	2	9	1	3	4	8	6	5

Difícil – 37

3	9	5	2	4	6	1	7	8
1	6	2	8	5	7	9	4	3
8	7	4	3	9	1	5	6	2
5	3	9	7	2	8	4	1	6
7	2	1	6	3	4	8	5	9
4	8	6	9	1	5	2	3	7
2	4	7	1	8	3	6	9	5
6	5	8	4	7	9	3	2	1
9	1	3	5	6	2	7	8	4

Difícil – 38

4	8	6	7	9	1	3	5	2
5	1	2	6	3	8	4	7	9
7	9	3	2	4	5	8	1	6
9	6	5	4	7	3	1	2	8
3	7	1	8	6	2	9	4	5
8	2	4	5	1	9	6	3	7
2	4	9	3	8	7	5	6	1
6	5	8	1	2	4	7	9	3
1	3	7	9	5	6	2	8	4

Difícil – 39

5	6	3	9	2	4	7	8	1
4	2	7	1	6	8	9	3	5
9	8	1	7	5	3	2	6	4
8	1	5	2	3	7	6	4	9
7	4	2	6	9	5	3	1	8
6	3	9	4	8	1	5	2	7
2	9	8	5	1	6	4	7	3
1	7	6	3	4	9	8	5	2
3	5	4	8	7	2	1	9	6

Difícil – 40

9	7	8	6	2	1	3	4	5
2	6	5	4	8	3	9	7	1
4	1	3	5	7	9	6	8	2
7	4	9	3	6	5	1	2	8
6	3	2	8	1	4	7	5	9
5	8	1	7	9	2	4	3	6
1	5	7	9	4	8	2	6	3
8	2	4	1	3	6	5	9	7
3	9	6	2	5	7	8	1	4

Difícil – 41

9	5	7	1	4	3	2	6	8
2	8	6	9	7	5	3	4	1
4	3	1	2	8	6	7	9	5
8	4	9	5	1	7	6	2	3
1	6	5	3	2	9	4	8	7
3	7	2	4	6	8	1	5	9
5	1	4	7	9	2	8	3	6
7	9	8	6	3	4	5	1	2
6	2	3	8	5	1	9	7	4

Difícil – 42

6	4	7	9	5	1	8	3	2
5	9	8	3	2	6	1	4	7
1	3	2	7	8	4	6	9	5
7	6	3	8	1	9	2	5	4
8	1	5	4	3	2	9	7	6
4	2	9	5	6	7	3	8	1
9	7	6	2	4	8	5	1	3
3	8	1	6	7	5	4	2	9
2	5	4	1	9	3	7	6	8

Difícil – 43

3	7	4	9	5	8	2	1	6
8	5	1	4	6	2	3	9	7
9	2	6	7	1	3	5	4	8
2	8	3	1	4	9	6	7	5
6	1	9	5	3	7	4	8	2
7	4	5	2	8	6	9	3	1
4	9	2	8	7	5	1	6	3
5	3	8	6	9	1	7	2	4
1	6	7	3	2	4	8	5	9

Difícil – 44

6	2	9	4	5	1	8	7	3
5	3	7	8	6	2	4	1	9
8	1	4	7	9	3	6	5	2
4	5	8	6	2	7	9	3	1
7	6	3	9	1	5	2	8	4
1	9	2	3	4	8	7	6	5
2	8	5	1	7	4	3	9	6
9	7	1	2	3	6	5	4	8
3	4	6	5	8	9	1	2	7

Difícil – 45

9	8	7	6	2	4	1	3	5
6	3	1	5	9	8	7	4	2
5	2	4	1	3	7	6	9	8
3	5	6	2	1	9	4	8	7
8	1	2	7	4	6	3	5	9
4	7	9	8	5	3	2	1	6
1	9	8	3	7	2	5	6	4
2	6	5	4	8	1	9	7	3
7	4	3	9	6	5	8	2	1

Difícil – 46

3	7	4	9	5	8	2	1	6
8	5	1	4	6	2	3	9	7
9	2	6	7	1	3	5	4	8
2	8	3	1	4	9	6	7	5
6	1	9	5	3	7	4	8	2
7	4	5	2	8	6	9	3	1
4	9	2	8	7	5	1	6	3
5	3	8	6	9	1	7	2	4
1	6	7	3	2	4	8	5	9

Difícil – 47

4	5	9	6	7	3	8	1	2
7	8	2	9	1	4	3	6	5
6	1	3	5	2	8	7	4	9
9	3	7	2	4	5	6	8	1
5	4	1	7	8	6	2	9	3
8	2	6	3	9	1	5	7	4
2	6	4	1	5	7	9	3	8
3	9	8	4	6	2	1	5	7
1	7	5	8	3	9	4	2	6

Difícil – 48

4	6	5	8	1	9	7	3	2
3	2	8	7	6	5	1	4	9
7	9	1	2	3	4	5	6	8
9	3	6	1	4	2	8	5	7
5	1	2	6	7	8	3	9	4
8	7	4	5	9	3	6	2	1
2	8	9	3	5	1	4	7	6
1	5	7	4	2	6	9	8	3
6	4	3	9	8	7	2	1	5

Difícil – 49

6	4	1	9	7	3	5	8	2
5	2	9	4	8	1	3	7	6
7	3	8	2	6	5	4	9	1
9	6	4	5	2	7	8	1	3
2	5	7	1	3	8	6	4	9
8	1	3	6	4	9	2	5	7
1	9	2	8	5	6	7	3	4
3	8	6	7	1	4	9	2	5
4	7	5	3	9	2	1	6	8

Difícil – 50

2	8	7	1	5	3	4	9	6
4	1	9	7	8	6	5	2	3
6	5	3	9	4	2	7	1	8
5	4	2	8	3	1	9	6	7
8	9	1	4	6	7	3	5	2
7	3	6	2	9	5	1	8	4
1	6	4	5	7	8	2	3	9
3	7	5	6	2	9	8	4	1
9	2	8	3	1	4	6	7	5

Difícil – 51

8	7	5	3	1	9	6	4	2
1	2	3	6	7	4	9	8	5
6	4	9	8	5	2	1	7	3
2	6	1	4	3	5	8	9	7
9	3	7	1	2	8	4	5	6
5	8	4	7	9	6	3	2	1
4	1	8	2	6	7	5	3	9
7	9	6	5	4	3	2	1	8
3	5	2	9	8	1	7	6	4

Difícil – 52

1	5	9	3	8	4	2	7	6
2	6	4	9	1	7	3	5	8
7	3	8	6	2	5	9	1	4
3	4	6	7	5	2	8	9	1
5	8	1	4	9	6	7	3	2
9	2	7	8	3	1	6	4	5
4	9	5	2	7	8	1	6	3
8	1	3	5	6	9	4	2	7
6	7	2	1	4	3	5	8	9

Difícil – 53

7	8	4	9	1	6	5	2	3			
3	9	6	5	7	2	4	1	8			
2	1	5	4	3	8	6	9	7			
4	7	8	6	9	5	1	3	2	4	7	8
5	3	9	1	2	4	8	7	6	3	5	9
6	2	1	3	8	7	9	4	5	1	6	2
1	5	3	7	6	9	2	8	4	5	3	1
9	6	2	8	4	3	7	5	1	2	9	6
8	4	7	2	5	1	3	6	9	8	4	7
			9	3	6	4	2	8	7	1	5
			5	7	8	6	1	3	9	2	4
			4	1	2	5	9	7	6	8	3

Variacion – 1

1	9	6	2	3	8	4	5	7			
3	4	8	6	7	5	1	9	2			
2	7	5	4	1	9	8	3	6			
7	5	2	8	6	1	9	4	3	7	5	2
4	3	1	7	9	2	6	8	5	4	3	1
6	8	9	3	5	4	7	2	1	9	8	6
8	2	3	1	4	7	5	6	9	8	2	3
9	6	7	5	8	3	2	1	4	6	9	7
5	1	4	9	2	6	3	7	8	5	1	4
			2	1	8	4	9	7	3	6	5
			6	7	5	8	3	2	1	4	9
			4	3	9	1	5	6	2	7	8

Variacion – 2

			2	8	4	7	9	6	5	3	1
			3	7	5	1	8	4	9	2	6
			9	6	1	3	5	2	8	7	4
			8	2	9	6	7	3	1	4	5
			4	5	3	2	1	8	6	9	7
			6	1	7	9	4	5	2	8	3
9	6	4	7	3	8	5	2	1	4	6	9
7	1	2	5	4	6	8	3	9	7	1	2
5	8	3	1	9	2	4	6	7	3	5	8
3	2	6	4	1	5	7	9	8			
1	5	9	8	2	7	6	4	3			
8	4	7	9	6	3	2	1	5			
2	9	5	3	8	4	1	7	6			
6	7	1	2	5	9	3	8	4			
4	3	8	6	7	1	9	5	2			

Variacion – 3

9	3	7	2	4	6	8	1	5			
4	8	5	9	3	1	7	2	6			
1	6	2	8	5	7	4	9	3			
8	9	3	5	6	4	1	7	2			
2	5	6	1	9	3	3	8	4			
7	4	1	3	2	8	6	5	9			
3	7	8	6	9	2	5	4	1	8	7	3
5	1	9	4	8	3	2	6	7	9	5	1
6	2	4	1	7	5	9	3	8	6	4	2
			7	1	4	3	9	2	5	6	8
			8	3	6	4	1	5	7	2	9
			2	5	9	8	7	6	1	3	4
			9	4	8	7	5	3	2	1	6
			3	6	7	1	2	9	4	8	5
			5	2	1	6	8	4	3	9	7

Variacion – 4

8	1	7	4	3	5	9	2	6			
5	6	9	7	2	1	3	4	8			
2	3	4	8	6	9	7	1	5			
1	4	3	5	8	2	6	9	7			
9	7	8	6	4	3	1	5	2			
6	2	5	1	9	7	8	3	4			
4	9	1	2	7	8	5	6	3	9	4	1
3	8	2	9	5	6	4	7	1	3	2	8
7	5	6	3	1	4	2	8	9	5	6	7
			5	4	7	9	1	8	2	3	6
			8	9	3	6	5	2	1	7	4
			1	6	2	3	4	7	8	5	9
			7	8	5	1	3	6	4	9	2
			4	2	1	7	9	5	6	8	3
			6	3	9	8	2	4	7	1	5

Variacion – 5

9	6	5	3	7	8	2	1	4						
7	2	1	6	5	4	8	9	3						
8	4	3	9	2	1	7	5	6						
2	5	4	8	1	7	3	6	9						
6	7	9	5	3	2	4	8	1						
1	3	8	4	6	9	5	2	7						
5	1	2	7	4	6	9	3	8	5	1	2	7	4	6
3	8	7	1	9	5	6	4	2	7	9	8	1	3	5
4	9	6	2	8	3	1	7	5	3	4	6	8	9	2
						4	5	3	9	8	1	2	6	7
						7	8	6	4	2	5	9	1	3
						2	1	9	6	7	3	4	5	8
						5	2	4	8	3	9	6	7	1
						8	6	7	1	5	4	3	2	9
						3	9	1	2	6	7	5	8	4

Variacion – 6

3	6	2	8	1	5	7	9	4			
1	4	7	9	6	2	3	5	8			
9	5	8	7	4	3	2	1	6			
2	8	6	4	7	1	9	3	5	6	8	2
5	1	9	6	3	8	4	7	2	1	5	9
7	3	4	2	5	9	8	6	1	3	4	7
4	9	1	5	8	7	6	2	3	9	1	4
6	2	5	3	9	4	1	8	7	5	2	6
8	7	3	1	2	6	5	4	9	7	3	8
			9	4	2	3	1	6	8	7	5
			8	6	3	7	5	4	2	9	1
			7	1	5	2	9	8	4	6	3

Variacion – 7

3	7	5	4	8	2	9	1	6			
2	9	6	3	5	1	8	7	4			
4	8	1	9	6	7	2	3	5			
9	1	3	2	4	6	5	8	7	3	1	9
7	2	4	5	1	8	6	9	3	2	4	7
6	5	8	7	3	9	4	2	1	6	5	8
8	3	9	6	7	5	1	4	2	8	9	3
1	6	7	8	2	4	3	5	9	1	7	6
5	4	2	1	9	3	7	6	8	5	2	4
			4	5	7	8	1	6	9	3	2
			9	6	1	2	3	4	7	8	5
			3	8	2	9	7	5	4	6	1

Variacion – 8

6	5	3	9	2	8	1	7	4						
2	7	1	6	4	3	5	8	9						
4	8	9	1	5	7	3	2	6						
1	2	5	3	9	4	8	6	7						
8	6	4	7	1	2	9	3	5						
3	9	7	5	8	6	4	1	2						
9	4	6	8	7	1	2	5	3	7	4	6	1	9	8
7	1	2	4	3	5	6	9	8	1	2	3	7	4	5
5	3	8	2	6	9	7	4	1	5	9	8	2	3	6
						1	6	9	2	7	4	8	5	3
						8	7	2	3	5	9	4	6	1
						5	3	4	8	6	1	9	7	2
						9	2	6	4	8	5	3	1	7
						4	1	7	6	3	2	5	8	9
						3	8	5	9	1	7	6	2	4

Variacion –9

2	9	3	6	7	8	4	5	1			
5	6	8	4	1	3	2	9	7			
1	4	7	2	5	9	6	8	3			
4	5	6	7	3	1	8	2	9			
8	1	2	9	4	6	7	3	5			
3	7	9	5	8	2	1	4	6			
9	3	4	1	2	7	5	6	8	3	9	4
6	2	1	8	9	5	3	7	4	2	1	6
7	8	5	3	6	4	9	1	2	5	7	8
			6	7	1	4	5	3	8	2	9
			4	8	3	2	9	7	6	5	1
			2	5	9	1	8	6	7	4	3
3	7	9	5	4	6	8	2	1	9	3	7
5	1	8	7	3	2	6	4	9	1	8	5
4	2	6	9	1	8	7	3	5	4	6	2
1	8	2	4	9	7	3	5	6			
6	3	7	1	2	5	4	9	8			
9	4	5	6	8	3	2	1	7			
2	5	4	8	6	9	1	7	3			
7	6	1	3	5	4	9	8	2			
8	9	3	2	7	1	5	6	4			

Variacion – 10

						6	3	7	4	2	5	1	9	8					
						8	4	9	3	1	7	2	6	5					
						1	5	2	8	6	9	7	3	4					
						2	6	5	7	4	3	8	1	9					
						9	1	3	2	8	6	4	5	7					
						4	7	8	9	5	1	3	2	6					
2	4	9	7	1	5	3	8	6	1	9	4	5	7	2					
5	1	3	8	6	2	7	9	4	5	3	2	6	8	1					
6	7	8	9	4	3	5	2	1	6	7	8	9	4	3	7	5	2	1	6
8	5	6	4	3	1	9	7	2			1	2	3	6	4	9	5	8	7
9	3	4	2	7	6	8	1	5			5	6	7	2	1	8	4	9	3
1	2	7	5	8	9	6	4	3			7	1	5	4	6	2	9	3	8
4	6	1	3	9	8	2	5	7			9	3	2	8	5	1	7	6	4
3	8	2	1	5	7	4	6	9			4	8	6	7	9	3	1	5	2
7	9	5	6	2	4	1	3	8	5	6	2	7	9	5	3	6	8	4	1
					2	9	7	1	3	4	6	5	8	1	2	4	3	7	9
					5	6	8	7	9	2	3	4	1	9	8	7	6	2	5
					3	5	4	9	6	7	1	8	2						
					8	7	1	5	2	3	9	6	4						
					6	2	9	4	8	1	5	3	7						
					9	8	2	6	7	5	4	1	3						
					1	3	5	2	4	8	7	9	6						
					7	4	6	3	1	9	8	2	5						

Variacion – 11

1	8	5	6	9	2	4	3	7
4	7	9	5	3	1	8	6	2
3	2	6	8	7	4	1	5	9
2	4	3	1	6	5	7	9	8
5	9	7	3	2	8	6	4	1
8	6	1	9	4	7	5	2	3
7	1	2	4	5	3	9	8	6
6	5	8	2	1	9	3	7	4
9	3	4	7	8	6	2	1	5

Variacion – 12

9	3	4	5	2	8	6	1	7
8	6	7	4	1	3	2	5	9
1	5	2	7	6	9	8	4	3
4	2	9	8	7	6	1	3	5
7	1	8	3	4	5	9	2	6
3	4	5	2	9	1	7	6	8
6	7	3	9	5	2	4	8	1
5	9	6	1	8	4	3	7	2
2	8	1	6	3	7	5	9	4

Variacion – 13

8	9	5	6	4	7	3	2	1
4	6	9	2	3	1	7	8	5
5	2	7	3	1	8	4	6	9
6	1	3	8	7	5	9	4	2
3	8	2	4	9	6	5	1	7
1	7	8	5	2	4	6	9	3
9	4	1	7	6	3	2	5	8
7	5	6	9	8	2	1	3	4
2	3	4	1	5	9	8	7	6

Variacion – 14

4	2	3	7	9	1	5	8	6
6	5	9	8	4	2	1	7	3
8	1	7	5	3	6	4	2	9
1	8	2	9	6	5	7	3	4
3	6	5	4	1	7	2	9	8
9	7	4	6	2	3	8	1	5
2	9	1	3	8	4	6	5	7
7	4	8	2	5	9	3	6	1
5	3	6	1	7	8	9	4	2

Variacion – 15

1	9	8	5	3	7	4	6	2
2	3	5	9	6	8	1	7	4
4	6	7	2	8	9	3	5	1
3	7	9	4	1	2	5	8	6
8	2	6	1	5	4	9	3	7
6	4	1	3	7	5	8	2	9
5	1	2	6	9	3	7	4	8
7	5	4	8	2	1	6	9	3
9	8	3	7	4	6	2	1	5

Variacion – 16

4	5	6	7	1	3	2	8	9
2	1	5	4	9	8	7	3	6
6	9	8	2	4	1	5	7	3
8	4	7	1	3	9	6	2	5
7	6	1	9	2	5	3	4	8
9	7	3	5	8	6	4	1	2
3	2	9	6	7	4	8	5	1
1	8	2	3	5	7	9	6	4
5	3	4	8	6	2	1	9	7

Variacion – 17

1	4	2	6	8	7	5	9	3
6	2	8	1	3	9	4	7	5
5	9	3	7	4	8	2	6	1
3	5	7	4	6	1	9	2	8
7	1	6	9	5	4	8	3	2
2	3	4	8	9	6	1	5	7
4	8	9	5	2	3	7	1	6
9	6	1	2	7	5	3	8	4
8	7	5	3	1	2	6	4	9

Variacion – 18

3	2	4	5	9	7	8	1	6
8	6	2	7	1	3	4	9	5
9	4	3	8	2	1	5	6	7
7	5	6	1	4	2	9	3	8
6	8	1	9	3	5	7	2	4
4	3	9	6	7	8	1	5	2
5	1	7	2	6	4	3	8	9
2	7	5	3	8	9	6	4	1
1	9	8	4	5	6	2	7	3

Variacion – 19

6	9	2	1	4	5	3	8	7
7	2	8	6	3	1	9	5	4
5	1	4	7	9	3	8	2	6
9	3	5	2	8	7	6	4	1
8	7	6	4	5	2	1	9	3
2	4	3	9	6	8	7	1	5
3	8	1	5	2	6	4	7	9
4	5	7	3	1	9	2	6	8
1	6	9	8	7	4	5	3	2

Variacion – 20

1	6	5	8	2	7	4	9	3
4	5	2	3	9	8	7	6	1
7	3	1	2	5	9	6	4	8
6	9	4	1	8	2	3	7	5
9	1	6	4	7	5	8	3	2
8	7	9	6	3	1	2	5	4
2	8	3	7	6	4	5	1	9
5	2	7	9	4	3	1	8	6
3	4	8	5	1	6	9	2	7

Variacion – 21

7	8	2	6	11	13	10	9	4	3	1	5	15	16	14	12
5	15	10	1	8	14	44	2	6	12	16	7	9	11	13	3
11	3	12	4	5	16	15	1	8	14	13	9	7	6	10	2
9	13	18	14	12	3	6	7	10	15	2	11	5	8	4	1
1	6	7	10	2	15	8	11	14	5	12	4	16	3	9	13
3	4	8	16	1	6	5	13	9	2	7	10	11	12	15	14
2	14	15	11	10	4	9	12	16	13	8	3	1	5	7	6
13	5	9	12	3	7	16	14	1	11	15	6	2	4	8	10
10	12	14	15	4	8	7	16	2	1	6	13	3	9	5	11
6	16	3	9	13	5	1	15	11	8	4	12	14	10	2	7
4	1	5	7	6	2	11	10	3	9	14	15	8	13	12	16
8	2	11	13	9	12	14	3	7	10	5	16	4	1	6	15
14	7	13	2	16	10	12	8	5	4	3	1	6	15	11	9
15	10	1	8	14	11	3	5	12	6	9	2	13	7	16	4
16	11	4	3	15	9	2	6	13	7	10	8	12	14	1	5
12	9	6	5	7	1	13	4	15	16	11	14	10	2	3	8

Variacion – 22

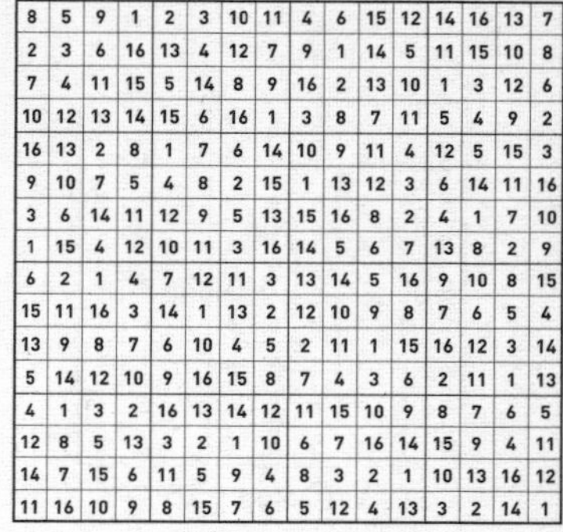

8	5	9	1	2	3	10	11	4	6	15	12	14	16	13	7
2	3	6	16	13	4	12	7	9	1	14	5	11	15	10	8
7	4	11	15	5	14	8	9	16	2	13	10	1	3	12	6
10	12	13	14	15	6	16	1	3	8	7	11	5	4	9	2
16	13	2	8	1	7	6	14	10	9	11	4	12	5	15	3
9	10	7	5	4	8	2	15	1	13	12	3	6	14	11	16
3	6	14	11	12	9	5	13	15	16	8	2	4	1	7	10
1	15	4	12	10	11	3	16	14	5	6	7	13	8	2	9
6	2	1	4	7	12	11	3	13	14	5	16	9	10	8	15
15	11	16	3	14	1	13	2	12	10	9	8	7	6	5	4
13	9	8	7	6	10	4	5	2	11	1	15	16	12	3	14
5	14	12	10	9	16	15	8	7	4	3	6	2	11	1	13
4	1	3	2	16	13	14	12	11	15	10	9	8	7	6	5
12	8	5	13	3	2	1	10	6	7	16	14	15	9	4	11
14	7	15	6	11	5	9	4	8	3	2	1	10	13	16	12
11	16	10	9	8	15	7	6	5	12	4	13	3	2	14	1

Variacion – 23

3	11	14	4	12	13	16	1	15	7	10	2	8	6	9	5
9	12	15	6	2	3	5	4	14	16	8	1	10	13	11	7
1	5	7	2	8	9	10	6	11	12	13	4	14	15	16	3
10	13	16	8	11	14	15	7	3	6	9	5	2	1	12	4
11	3	13	5	1	2	7	10	16	15	14	6	12	9	4	8
8	15	1	9	3	16	14	12	2	4	5	11	6	7	10	13
6	4	2	7	9	8	11	5	10	13	12	3	15	16	14	1
14	16	12	10	4	15	6	13	1	8	7	9	5	3	2	11
15	2	3	11	16	1	12	9	13	5	4	10	7	8	6	14
7	8	9	12	5	4	13	14	6	1	2	16	11	10	3	15
4	6	5	1	10	11	8	3	9	14	15	7	16	12	13	2
16	14	10	13	6	7	2	15	8	3	11	12	4	5	1	9
2	7	6	14	15	12	1	8	4	10	3	13	9	11	5	16
12	9	11	15	13	5	3	16	7	2	6	14	1	4	8	10
5	1	4	3	7	10	9	2	12	11	16	8	13	14	15	6
13	10	8	16	14	6	4	11	5	9	1	15	3	2	7	12

Variacion – 24

9	2	11	3	15	10	13	16	1	7	6	14	8	5	4	12
10	6	14	4	5	9	11	1	15	16	12	8	2	7	3	13
15	5	12	16	7	2	3	8	13	11	4	9	6	1	14	10
1	8	7	13	6	14	12	4	5	3	2	10	16	15	11	9
8	12	13	2	1	16	9	14	7	5	3	15	10	4	6	11
16	4	15	9	8	6	7	13	10	1	11	2	14	12	5	3
7	11	3	6	2	5	15	10	14	12	13	4	9	16	1	8
5	14	1	10	11	3	4	12	6	8	9	16	7	13	2	15
2	7	4	11	10	1	8	9	3	15	16	6	13	14	12	5
6	9	8	15	14	12	5	3	2	13	1	7	4	11	10	16
3	13	5	14	16	11	6	7	8	4	10	12	1	9	15	2
12	10	16	1	4	13	2	15	11	9	14	5	3	8	7	6
11	16	9	12	3	15	14	6	4	10	7	13	5	2	8	1
4	1	10	8	9	7	16	5	12	2	15	3	11	6	13	14
14	15	2	5	13	4	10	11	16	6	8	1	12	3	9	7
13	3	6	7	12	8	1	2	9	14	5	11	15	10	16	4

Variacion – 25

12	9	6	3	4	5	10	7	11	8	2	1
1	4	5	2	12	8	6	11	10	3	7	9
11	7	10	8	9	2	3	1	12	5	4	6
2	12	3	6	11	9	1	8	7	4	5	10
5	10	9	1	6	7	12	4	8	11	3	2
8	11	7	4	3	10	2	5	6	9	1	12
6	5	4	10	2	1	11	9	3	12	8	7
7	2	12	9	8	6	5	3	4	1	10	11
3	1	8	11	7	12	4	10	9	2	6	5
10	8	2	12	5	4	9	6	1	7	11	3
4	6	11	5	1	3	7	12	2	10	9	8
9	3	1	7	10	11	8	2	5	6	12	4

Variacion – 26

7	9	3	12	1	10	2	4	5	6	8	11
8	6	1	10	12	5	9	11	2	7	3	4
5	2	11	4	6	3	7	8	12	9	10	1
1	8	6	5	11	2	10	3	7	4	9	12
2	3	4	7	9	12	1	6	10	11	5	8
12	11	10	9	8	7	4	5	6	1	2	3
11	7	12	3	4	9	6	2	8	5	1	10
6	4	2	8	10	1	5	7	11	3	12	9
9	10	5	1	3	11	8	12	4	2	6	7
4	1	7	2	5	8	12	9	3	10	11	6
10	5	8	11	7	6	3	1	9	12	4	2
3	12	9	6	2	4	11	10	1	8	7	5

Variacion – 27

1	2	7	4	6	9	3	8	5
3	4	5	1	8	7	9	6	2
6	9	8	5	2	3	4	1	7
9	5	6	7	4	2	1	3	8
8	7	4	3	9	1	2	5	8
2	1	3	8	5	6	7	9	4
4	6	1	2	3	8	5	7	9
5	3	9	6	7	4	8	2	1
7	8	2	9	1	5	6	4	3

Variacion – 28

9	1	8	2	6	3	4	5	7
6	4	7	9	5	1	2	3	8
3	2	5	4	7	8	1	6	9
2	3	1	7	9	5	8	4	6
8	6	9	3	2	4	7	1	5
7	5	4	8	1	6	9	2	3
5	7	6	1	8	2	3	9	4
1	9	3	6	4	7	5	8	2
4	8	2	5	3	9	6	7	1

Variacion – 29

4	6	2	7	5	9	1	3	8
8	7	9	3	1	2	4	6	5
5	1	3	8	6	4	2	9	7
9	3	1	2	8	7	6	5	4
7	5	8	4	9	6	3	2	1
6	2	4	1	3	5	7	8	9
1	9	5	6	4	3	8	7	2
2	4	6	5	7	8	9	1	3
3	8	7	9	2	1	5	4	6

Variacion – 30

8	4	6	2	9	3	1	7	5
5	7	4	1	3	8	2	6	9
4	6	8	7	2	5	9	3	1
1	9	2	4	7	6	8	5	3
2	8	5	3	1	9	7	4	6
6	3	1	8	5	7	4	9	2
9	1	3	6	8	4	5	2	7
7	2	9	5	6	1	3	8	4
3	5	7	9	4	2	6	1	8

Variacion – 31

1	4	8	5	2	6	7	9	3
7	5	3	9	1	8	6	4	2
2	7	5	8	3	1	9	6	4
3	8	9	6	4	5	1	2	7
9	3	6	2	7	4	5	8	1
5	9	2	1	6	7	4	3	8
4	6	7	3	9	2	8	1	5
8	2	1	4	5	9	3	7	6
6	1	4	7	8	3	2	5	9

Variacion – 32

2	7	9	8	6	4	3	1	5
6	9	7	5	1	3	4	2	8
1	2	8	6	9	5	7	4	3
5	3	6	1	7	9	2	8	4
4	5	2	3	8	1	6	7	9
8	1	3	7	4	2	9	5	6
9	6	1	4	2	8	5	3	7
3	8	4	9	5	7	1	6	2
7	4	5	2	3	6	8	9	1

Variacion – 33

1	3	5	4	6	7	8	9	2
4	8	2	3	1	9	5	6	7
9	6	7	5	8	2	1	4	3
6	4	1	2	9	3	7	8	5
2	9	8	7	5	1	4	3	6
5	7	3	8	4	6	2	1	9
3	5	6	1	7	4	9	2	8
8	2	4	9	3	5	6	7	1
7	1	9	6	2	8	3	5	4

Variacion – 34

9	3	2	5	6	7	4	8	1
4	7	1	3	2	8	6	5	9
6	8	5	9	1	4	7	2	3
7	1	6	2	8	9	5	3	4
5	9	4	1	7	3	2	6	8
8	2	3	6	4	5	1	9	7
1	5	7	8	9	2	3	4	6
2	6	9	4	3	1	8	7	5
3	4	8	7	5	6	9	1	2

Variacion – 35

4	7	3	2	9	8	6	1	5
5	8	9	7	6	1	4	3	2
6	2	1	3	4	5	9	8	7
7	3	4	6	8	2	1	5	9
9	5	8	1	7	3	2	6	4
2	1	6	9	5	4	3	7	8
8	6	2	4	1	7	5	9	3
3	9	5	8	2	6	7	4	1
1	4	7	5	3	9	8	2	6

Variacion – 36

9	4	5	2	7	3	8	1	6
6	7	1	4	8	5	9	2	3
8	2	3	6	1	9	7	4	5
4	5	9	1	6	8	2	3	7
2	6	8	3	5	7	1	9	4
3	1	7	9	2	4	5	6	8
1	8	6	7	4	2	3	5	9
7	3	2	5	9	6	4	8	1
5	9	4	8	3	1	6	7	2

Variacion – 38

3	2	4	9	8	5	7	1	6
8	6	7	1	2	3	9	5	4
9	1	5	4	7	6	3	2	8
5	9	3	8	1	7	4	6	2
1	8	2	6	9	4	5	7	3
4	7	6	3	5	2	8	9	1
7	5	8	2	4	1	6	3	9
2	3	9	5	6	8	1	4	7
6	4	1	7	3	9	2	8	5

Variacion – 37